# CUENTOS PARA NIÑOS Y NIÑAS que sueñan CON LA PAZ

## BIOGRAFÍAS Y MOMENTOS HISTÓRICOS INSPIRADORES PARA UN MUNDO MEJOR

G.L. MARVEL

Texto de
JOSE LÓPEZ Y ROCÍO NIEBLA
Ilustraciones de
MAR GUIXÉ

Duomo ediciones

*Ojalá llegue el día en que niños como
Juan o Ivet no necesiten este libro*

# ÍNDICE

# PRÓLOGO

La diosa griega Irene vivía junto a sus dos hermanas, Dice y Eunomia, custodiando las puertas del Olimpo. A las tres se las conocía como las Horas. Hijas del supremo soberano dios Zeus, las hermanas representaban los valores sociales del diálogo y la justicia. Irene era lista y muy guapa, a veces llevaba a su hijo Pluto en brazos.

A Irene le encantaba la primavera, y era al final de la estación de las flores y las abejas cuando los ejércitos se ponían en guardia e iniciaban las campañas bélicas. Irene, que años más tarde los romanos llamaron Pax, se manifestó en contra de las armas y la violencia. Ella se sentía bien con los campesinos y campesinas, y defendía que en tiempos de paz las cosechas eran más suculentas. Se preguntaba: ¿por qué matarse si con la palabra y la razón se pueden llegar a acuerdos? ¿Por qué existen las guerras si en tiempos de paz los niños y las niñas crecen sin miedo y con más amor?

Irene quería y trabajaba por la paz entre pueblos, y cuando estos querían paz, la invocaban. En la plaza central de Atenas, conocida como ágora, había una estatua dedicada a ella y los atenienses iban a brindarle respeto y pedirle ayuda. Cuando ella lograba ganar el pulso a la guerra, la diosa del amor Afrodita le dejaba sus palomas: Irene desde las puertas del Olimpo las lanzaba con una ramita de olivo en la boca. La paz también es amor: abrazos, volver a casa y cuidar a los tuyos. La paz, además de la ausencia de guerra y violencia, es el camino que andamos cada día para conseguir relaciones más respetuosas, amables y cooperativas. No existe paz si en nuestras sociedades hay estructuras injustas o desiguales. No puede haber paz donde hay prejuicios y discriminación.

Irene, la gran diosa de la paz, llegó a ser secuestrada y encerrada en un profundo pozo cubierto de piedras por Pólemos (la personificación de la guerra), pero un agricultor llamado Trigeo voló hasta el Olimpo para rescatarla. Así que, como homenaje a la liberación de la diosa Irene, los campesinos siempre celebran con una fiesta la recogida de la cosecha, un símbolo de unión y paz. La mayor victoria es aprender a solucionar de forma pacífica los conflictos. Y como hizo Trigeo, ayudar a quien lo necesita.

Irene creía en las relaciones de apoyo y cuidado mutuo, en la comunicación no violenta y en la capacidad de echarnos una mano los unos a los otros. La paz empieza por los pequeños detalles de nuestro día a día: cuidar las relaciones con nuestros amigos, vecinas y familiares; aprender a convivir con la diversidad y entender que somos plurales y, por tanto, puede haber posturas y necesidades distintas a las propias.

La diosa explicaba a los humanos que las ideas nunca se defienden con puñetazos, sino con tranquilidad, respeto y palabras. «La paz se construye escuchando», afirmaba. Irene defendía que la violencia no es inevitable: podemos prevenirla, rechazarla y esquivarla. Pero eso sí, la no-violencia requiere un compromiso y un esfuerzo permanente a nivel individual, comunitario y social. Tener el derecho a vivir en paz nos hace también responsables de construir un entorno que la promueva: cada día y entre todos.

En este libro encontrarás a personas que, como la diosa Irene, han luchado de distintas maneras por la paz. Mujeres y hombres que han imaginado un mundo más igual y más justo, que han puesto todo su empeño hasta conseguirlo. Y tú también puedes hacer mucho. Coge aliento, sumérgete en la lectura y aprende de estos referentes.

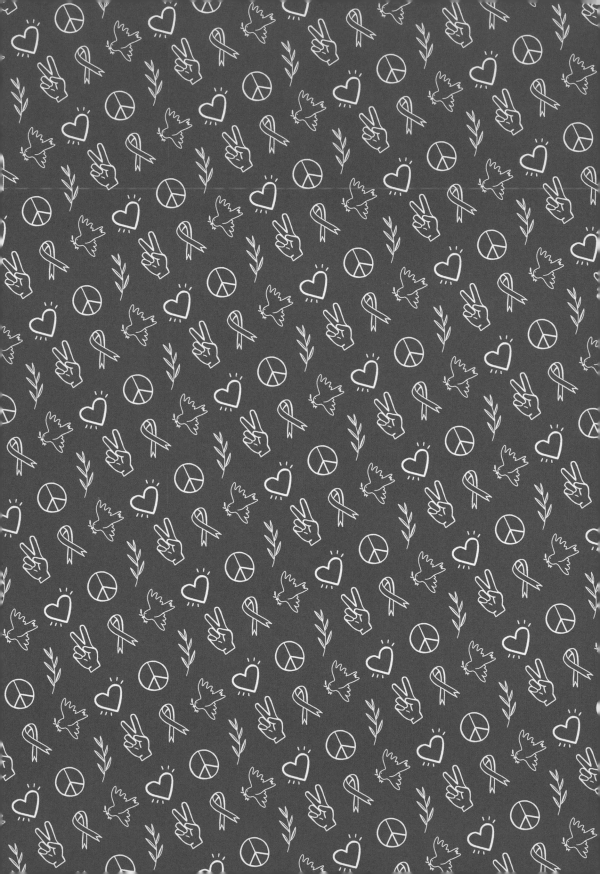

«O caminamos todos juntos hacia la paz o nunca la encontraremos.»

**Benjamin Franklin**

# BERTA CÁCERES

## La joven que dio su vida para que su pueblo viviera en paz.

Honduras, 4 de marzo de 1971 - 3 de marzo de 2016

En un lugar paradisíaco entre Honduras y El Salvador, en América Latina, se encuentran los pueblos lencas, palabra que en su lengua significa «lugar de muchas aguas». En este maravilloso entorno natural nació una preciosa niña a la que sus padres llamaron Berta, y que con el tiempo se convertiría en una de las salvadoras de su cultura.

Y es que, como tantos pueblos indígenas, los lencas son cada vez menos y están en peligro de desaparecer. Por eso, Berta y otros crearon el Consejo Cívico de Organizaciones Populares e Indígenas de Honduras, una asociación dedicada a proteger las costumbres y creencias lencas y, por supuesto, el medioambiente.

Berta había conocido la injusticia desde muy pequeña. El Salvador estaba en guerra civil, y sus padres se implicaron para ayudar a los refugiados y víctimas del conflicto. Aquello despertó en la niña una gran conciencia pacifista, liderando protestas contra la militarización de su región.

En 2006 un grupo de indígenas pidió ayuda a la organización porque vieron como se empezaba a construir una presa que pondría en peligro toda la vida en el río, incluida la de los propios lencas. Berta y sus amigos acudieron a apoyar a sus compañeros indígenas, ya sabes: si solo no puedes, con amigos puede que lo consigas.

Berta lideró las protestas contra la presa. Eso hizo que se ganara la enemistad de quienes la estaban construyendo. Empezaron las amenazas. El gobierno no hizo nada por protegerlos, y desgraciadamente la propia Berta fue asesinada solo por defender su cultura.

Su hija, también llamada Berta, lejos de acobardarse, decidió sustituirla y seguir la lucha pacífica por el medioambiente y la cultura del pueblo lenca. Porque las culturas y las ideas no mueren mientras quede alguien que las defienda.

# BERTHA VON SUTTNER

## La amistad que inspiró el Premio Nobel.

República Checa, 9 de junio de 1843 - 21 de junio de 1914

**B**ertha nació en una familia acomodada y creció rodeada de privilegios, hasta que su madre se dedicó a malgastar toda su fortuna y tuvo que ponerse a trabajar. Hizo de institutriz en una familia, pero los padres de la casa la despidieron por enamorarse del hijo mayor.

Encontró otro trabajo en París, de secretaria de un científico e inventor llamado Alfred Nobel. Duró poco: su enamorado se había escapado de casa y le pidió a Bertha que se casaran en secreto. Así pues, la vida de Bertha volvió a cambiar de rumbo. Pero el tiempo que pasó con Alfred Nobel fue suficiente para crear una amistad que duraría toda la vida.

Esa amistad se reflejaba en las constantes cartas entre Bertha y Alfred en las que compartían su rechazo a los conflictos bélicos y la esperanza de poder conseguir la paz. Bertha escribió la novela *¡Abajo las armas!*, en la que explicaba las horrorosas consecuencias de la guerra desde el punto de vista de una mujer. El libro fue todo un éxito, y Bertha se convirtió en una líder del pacifismo. Entre las muchas conferencias, artículos, proyectos, iba informando de todo a su amigo Alfred. Quería convencerlo de la importancia que tenía lo que estaban haciendo y de la necesidad de seguir luchando por la paz.

A su vez, Alfred (que había inventado la dinamita, pero que seguro hubiese preferido crear algo que evitara la destrucción en vez de provocarla) legó su fortuna a la creación de un premio para quienes contribuyeran a fomentar la paz, la ciencia y la literatura: el Premio Nobel.

Bertha fue la primera mujer en recibir el Nobel de la Paz. Sus cartas, su dedicación y su energía inspiraron a Alfred. Una amistad verdadera y una idea tan poderosa como la paz crearon uno de los reconocimientos más grandes de nuestra cultura.

# BETTY WILLIAMS Y MAIREAD MAGUIRE

**Las dos mujeres de diferentes bandos que se unieron para conseguir la paz en Irlanda del Norte.**

Reino Unido, 22 de mayo de 1943 - 17 de marzo de 2020
Reino Unido, 27 de enero de 1944

**D**urante muchísimo tiempo, Irlanda del Norte fue lo menos parecido a esa tierra de cuento de hadas. Más bien parecía una pesadilla, con dos bandos opuestos, los católicos y los protestantes, que se dedicaban a matarse los unos a los otros (y a los inocentes) mediante atentados violentos y salvajes. Ambas comunidades contaban con grupos armados que hacían estallar bombas como si hicieran pompas de chicle. Católicos y protestantes parecían perro y gato pero con metralletas y pistolas.

Betty y Mairead estaban en bandos diferentes pero, en vez de odiarse, las unió el destino… un destino muy cruel: Betty iba por la calle y vio como un terrorista que huía atropelló a los tres sobrinos de Mairead.

Las dos mujeres tuvieron muy claro que había que actuar de otra manera: con la paz y el diálogo como únicas armas. Y juntas, porque dos cabezas piensan más que una, y dos corazones hacen mucho más ruido al latir. Betty y Mairead decidieron luchar por la educación y el respeto. Empezaron a organizar manifestaciones por la paz, a las que se fueron apuntando cada vez más personas, sin importar sus ideas. Porque la paz no tiene bando.

Su lucha fue muy larga, y aunque el movimiento de Betty y Mairead (entre otros) fue reduciendo cada vez más el terrorismo, la paz no llegó hasta veinte años más tarde. Pero llegó.

Desde entonces, Mairead ha seguido luchando por la paz, pero ahora en todo el planeta, siempre de parte de las víctimas en todos los conflictos. Ella fue testigo de que, con las armas y la sangre, solo se logra más dolor y enfrentamiento. Y que siempre hay una alternativa a la violencia.

# El nacimiento
# del símbolo de la paz

**E**l símbolo más representativo de la paz es un círculo, con una línea vertical en el centro que al llegar abajo se divide en tres, formando una especie de pata de gallina. El origen es muy curioso y está ligado a la historia de la lucha por la paz. En 1958, los británicos se enteraron de que su gobierno había

desarrollado armas nucleares, las más destructivas jamás inventadas por la humanidad. Muchos se lanzaron a las calles, y el diseñador Gerald Holtom creó el símbolo de la protesta. El símbolo surge de sobreponer las iniciales de la campaña *Nuclear Disarmament* (Desarme Nuclear), la N y la D, en el alfabeto de banderas que usa la Marina.

El símbolo fue popularizado durante los años sesenta, especialmente por los *hippies* que fundaron una cultura nueva basada en el pacifismo y el amor. La música era una parte esencial de este movimiento, y se crearon himnos verdaderamente inmortales, como *Blowing in the Wind*, de Bob Dylan, o el *Give Peace a Chance*, de John Lennon.

# CARL SAGAN

## El científico que defendió la paz desde el espacio.

Estados Unidos, 9 de noviembre de 1934 - 20 de diciembre de 1996

Carl Sagan fue una de las personas que más respuestas tenía a algunas de las preguntas más difíciles. Nadie ha sido mejor explicando qué es el universo y cuál es nuestro lugar en él. Se hizo muy famoso gracias a *Cosmos*, un programa de televisión donde nos explicaba la ciencia con palabras que entendía cualquiera.

Como científico fue aún más importante. Participó desde el centro de mando en muchas misiones espaciales. Y tuvo una idea genial: hizo que un satélite tomara una foto de la Tierra desde 6.000 millones de kilómetros, donde se la ve como una diminuta mota de polvo en el inmenso espacio. Y escribió un breve texto, «Un punto azul pálido», que se convirtió en uno de los clásicos del pacifismo.

Todas las personas a quienes conocemos, dijo Carl, todas a las que queremos, lo que nos gusta, lo que nos entretiene, lo que nos parece bello, lo que nos hace reír y soñar, todo eso está en la Tierra. Pero también está todo lo malo, la tristeza, las guerras y las mentiras. ¿Cómo le explicaríamos a un extraterrestre que nos visitara que montamos guerras para destruirnos a nosotros mismos?

Si un país fabrica una bomba, otro país fabrica otra más grande. Y puesto que esos dos países tienen una bomba, otros países deciden hacer lo mismo, por si acaso. Y así, cada vez son más países, compitiendo en una carrera absurda. Carl se quejaba de que el mundo se empobrece invirtiendo mucho dinero en armas y en pagar a científicos que, en vez de investigar cómo mejorar la vida de las personas, investigan nuevas maneras para destruirlas.

Carl quiso concienciar al mundo de la necesidad de educar a la población para entender la ciencia y la tecnología. Eso incluye a los políticos, que son los que toman decisiones, y no siempre pensando en las personas.

En la inmensidad del cosmos somos muy pequeños, pero podemos hacer algo grande. Protejamos lo que queremos. De momento, no parece que nadie vaya a venir del espacio exterior a hacerlo por nosotros.

# CHEF JOSÉ ANDRÉS

## El chef de alto reconocimiento que cocina para los necesitados.

España, 13 de julio de 1969

José Andrés nació en un pueblo llamado Mieres, en Asturias, rodeado de montañas y de minas. Mientras sus amigos jugaban con los tirachinas, él prefería ponerse el delantal y explorar las artes culinarias. Ya desde muy pequeño quería comer y cocinar sabrosos platos típicos de su pueblo, como el pote con rabadal, la trucha grandona o los guisantes con jamón.

Cuando tenía quince años entró en una reputada escuela de fogones en Barcelona, y a los veintiuno apostó por irse a los Estados Unidos a seguir aprendiendo el oficio. Le encantaba probar platos nuevos, experimentar con especias y aprender las costumbres alimenticias de otras culturas. Y allí, bien lejos de su casa, añoraba tanto la cocina española que decidió abrir un restaurante de típicas tapas. Como cocinero de primera que es, José Andrés tuvo un gran éxito y pronto empezó a abrir más y más restaurantes. Siempre estaban llenos y era un hombre respetado y muy querido.

Un día, mientras freía un huevo con patatas, oyó en la radio que en Haití se había producido un gran terremoto que había devastado el país (y que ya antes era uno de los más pobres del mundo). Los haitianos estaban pasando mucha mucha hambre y él justo estaba cocinando. Se sintió muy triste y estuvo toda la noche sin dormir. Al día siguiente alquiló un avión repleto de alimentos y puso rumbo a Haití. Empezó a cocinar para los más necesitados y, desde entonces, en todas las situaciones de crisis, como durante la pandemia o la guerra en Ucrania, en cualquier lugar del planeta, el chef José Andrés llega con sus cucharas y su gran corazón para dar de comer a los que menos tienen.

# CLAUDETTE COLVIN

## La adolescente que hizo historia antes de que otros la escribieran.

Estados Unidos, 5 de septiembre de 1939

Cuando Claudette salió del instituto un día de marzo de 1955 parecía que iba a ser un miércoles cualquiera, otro día más en Montgomery (Alabama). Sin embargo, al subir al autobús que debía llevarla a casa, hizo algo que cambió el rumbo de la historia en la lucha contra el racismo.

Por aquel entonces, la sociedad estaba organizada para que los blancos no tuviesen que compartir espacios con los negros. Había lugares en los que ni siquiera los dejaban entrar. En el transporte público solo podían sentarse en los asientos de atrás y, si alguna persona blanca se quedaba sin asiento, debían cederle el suyo y quedarse de pie. Y todo, solo por el color de su piel.

Pero aquel miércoles, cuando una mujer blanca le dijo que se apartara, que dejara su asiento libre, Claudette se negó a hacerlo. Había pagado su billete, como el resto de pasajeros. Había subido antes, se había sentado en la zona reservada para los negros, no molestaba a nadie, tenía derecho a estar allí.

El conductor acabó llamando a la policía y arrestaron a Claudette.

Meses después, Rosa Parks hizo exactamente lo mismo. Se negó a ceder su asiento y también acabó arrestada. La indignación, acumulada durante años y años de racismo, llevó a la comunidad negra a organizarse para plantar cara y luchar por sus derechos.

Aun así, los líderes de las protestas eligieron a Rosa Parks como el gran estandarte, ignorando injustamente a Claudette; era demasiado joven, demasiado pobre, madre soltera… y su piel era más oscura que la de Rosa Parks.

Mucha gente recuerda las manifestaciones, los discursos, la victoria tras años de lucha. Pero no hay que olvidar la valentía de Claudette, una chica de tan solo quince años. Ella sola plantó cara por todos los demás.

# ¿Enemigos? El triunfo de la paz durante la Tregua de Navidad

**E**n medio de una de las peores guerras que se han producido en la historia de la humanidad, los soldados de ambos bandos acordaron un alto el fuego para poder celebrar la Navidad en paz. Enemigos en trincheras pero compañeros por una noche, cantando y bebiendo, celebraron un atípico e histórico 25 de diciembre.

La Primera Guerra Mundial comenzó en verano. Europa ardía en calor y fuego. La mayoría de los soldados acudieron emocionados al combate. De la guerra solo sabían lo que decían las novelas de aventuras. Meses de sangre, hambre y miseria les hicieron ver que, lejos

de ser un paseo, aquello era una pesadilla sin fin.

Así que, al acercarse las fiestas, los soldados, enterrados en frías trincheras y añorantes del calor de su hogar, se rebelaron y decidieron parar de matarse durante un día para celebrar sin sobresaltos la Navidad.

Los soldados alemanes, franceses y británicos se felicitaron unos a otros, y en tierra de nadie, en el terreno que separaba las trincheras, llegaron a producirse intercambios de comida entre enemigos y hasta se jugó un partido de fútbol. Solo faltó Papá Noel. Pero, claro, en las trincheras no hay chimenea.

# DALÁI LAMA

## Un océano de paz y sabiduría lejos de casa.

Tíbet, 6 de julio de 1935

El pequeño Lhamo tenía dos años cuando los monjes más importantes del Tíbet aparecieron en la humilde aldea en la que vivía con su familia. Le dijeron que iba a ser el próximo líder espiritual del pueblo tibetano: él era la reencarnación del Dalái Lama.

Además de líder espiritual budista, el Dalái Lama es el dirigente del Tíbet, una pequeña región situada entre China y la India, y por lo tanto es el máximo representante del pueblo tibetano.

Años después, China invadió el Tíbet e intentó borrar la cultura propia del país. Los tibetanos se rebelaron contra las fuerzas chinas, pero no pudieron más que ceder ante la cruda violencia del gigante asiático.

El Dalái Lama pensó que la única forma de liberar a su país era que la palabra y el espíritu de su pueblo siguieran vivos. Por eso, cruzó el Himalaya a pie hasta alcanzar la India. Lo acompañaron miles de tibetanos. Fue un viaje de más de diez días lleno de peligros.

El propio Dalái Lama se convirtió en un refugiado. China le ofreció volver a casa y mantener sus privilegios, a cambio debía abandonar sus principios y sus creencias. Por supuesto, él se negó, y eso lo ha obligado a vivir en el exilio, lejos de casa, desde entonces.

Nunca ha dejado de trabajar para preservar la rica cultura y tradición de su pueblo. Ha viajado por todo el mundo reclamando su libertad y compartiendo enseñanzas budistas, basadas en la compasión, la tolerancia y el respeto.

Desde entonces se ha convertido en uno de los mayores símbolos mundiales de la sabiduría y la lucha constante pero pacífica. Y en la confirmación de que la paz es el mejor mensaje.

# DANIEL BARENBOIM Y EDWARD SAID

## Cuando la música derriba muros y vence al miedo.

Argentina, 15 de noviembre de 1942
Israel, 1 de noviembre de 1935 - 25 de septiembre 2003

Imagina que tus padres, tus amigos y tus profesores te han enseñado que los vecinos del país de al lado son malos. Que han hecho mucho daño a la gente de tu pueblo, que no debes cruzarte con ellos, que son peligrosos y que muchos te odian solo por ser de donde eres. Y a ellos, les han contado lo mismo de ti.

Ahora imagina que te invitan a pasar un mes entero con chicos y chicas de esos países. Y que luego viajaréis juntos dando conciertos por todo el mundo.

Así nació la Orquesta del Diván de Oriente y Occidente. El pianista y director de orquesta Daniel Barenboim y el filósofo Edward Said decidieron juntar a músicos de países en conflicto y formar una orquesta compuesta por árabes, palestinos e israelíes. En situaciones normales, estos músicos nunca se hubiesen conocido. De hecho, algunos ni siquiera podrían entrar en el país del otro. Algunos siguen en guerra.

Una vez al año, se reúnen en Sevilla para ensayar y preparar los conciertos de la gira. También realizan charlas para debatir sobre los problemas que existen entre sus países. Y lo más importante: conviven y comparten sus puntos de vista.

Daniel y Edward conocen bien el poder de la música. Para interpretar una sinfonía se necesita que todas y cada una de las piezas de la orquesta funcionen a la perfección. Para ello, los músicos deben escucharse los unos a los otros. Da igual a quien tengan al lado, todos deben centrarse en la música y sentir las mismas emociones. Deben estar unidos.

Muchos conflictos se han intentado solucionar con violencia. Nunca ha funcionado. Puede que la música sea una forma de encontrar otras maneras. Beethoven no compuso pensando en la gente de su pueblo, ni de su país. Compuso para todos. Allí donde llegue la música, habrá esperanza para la paz.

# DESMOND DOSS

## El soldado que no quiso llevar armas.

Estados Unidos, 7 de febrero de 1919 - 23 de marzo de 2006

**D**esmond era un joven de familia humilde que, durante la Segunda Guerra Mundial, decidió alistarse en el ejército voluntariamente. No le gustaba la violencia, pero quería ayudar a su país y a la causa por la que luchaban. Y tenía una cosa muy clara: él no iba a la guerra a quitar vidas. Él iba a salvarlas.

Al principio no fue nada fácil. Desmond se negó en rotundo a llevar armas. Y sus compañeros se burlaron de él: «¿Qué tipo de soldado va a la guerra sin querer disparar al enemigo y ni siquiera lleva un rifle para defenderse a sí mismo?». Quisieron apartarlo del grupo, lo amenazaban, lo insultaban y se reían de él. Pero él se mantuvo firme en sus creencias.

Lo enviaron al grupo médico y pudo participar en el combate. Desmond entró en el campo de batalla armado solo con su fe y sus valores. Y fueron suficientes para lograr lo que consideraba que era su misión: ayudar al resto, salvando tantas vidas como le fuera posible.

Mientras caían bombas y llovían balas, no dejó de acudir a rescatar a los heridos. En una batalla en Japón, logró salvar a más de setenta y cinco soldados. Los cargaba a hombros, o los arrastraba hasta sacarlos de allí, mientras rezaba: «Uno más, Señor, déjame salvar a uno más».

Más tarde, una granada lo hirió en la pierna y una bala lo alcanzó en el brazo. Cuando fueron a ayudarle, él dijo que lo dejaran, que se apañaría solo y que fueran a ayudar a compañeros que estuvieran más graves que él. Acto seguido, rompió su promesa de no utilizar un arma: usó un fusil para entablillarse el brazo y logró arrastrarse hasta escapar.

Desmond fue condecorado con la Medalla al Honor. Antepuso la vida de otros a la suya propia. Se ganó no solo el respeto, sino también la admiración de todo el mundo, incluyendo la de aquellos que le habían hecho *bullying*.

Nunca quiso ser un héroe. Solo hacer lo que creía correcto.

«No basta con hablar de paz. Uno debe creer en ella y trabajar para conseguirla.»

**Eleanor Roosevelt**

# EDUARDO MARTÍNEZ ALONSO

## El médico español que salvó cientos de vidas sin necesidad de bisturí.

España, 23 de mayo de 1903 - 9 de mayo de 1972

Durante la Segunda Guerra Mundial, miles y miles de personas tuvieron que huir de sus países a causa de la invasión nazi. Muchos de ellos llegaron a España de manera clandestina. A algunos los encarcelaron, otros tuvieron que esconderse.

Para ayudarlos a salir de España, el Reino Unido necesitaba personas de confianza. Debían ser capaces de sacar a prisioneros de un campo de concentración, de esconderlos, de llevarlos hasta la frontera… y cruzarla. Y todo, sin que el ejército alemán se enterase.

Una de esas personas fue un médico español: Eduardo Martínez Alonso, *Lalo* para sus amigos, y *Agente 055A* para los servicios de inteligencia británicos.

Trabajaba en la embajada y en la Cruz Roja. Gracias a ello pudo liberar a cientos de refugiados judíos del campo de concentración de Miranda de Ebro. Como médico, hacía informes indicando que esos presos necesitaban ir a un hospital, pues estaban muy enfermos y podían ser contagiosos. Los guardias, por miedo a esto último, dejaban que se los llevase. Él era médico; si lo decía, tenía que ser así.

También ayudó a muchos refugiados que llegaban de Francia cruzando los Pirineos. Con la ayuda de un fraile capuchino, los escondía en diferentes conventos y después los ocultaba en una finca de su familia, hasta que pudieran cruzar la frontera hacia Portugal o llegar a los barcos británicos situados en la costa gallega.

Eduardo Martínez Alonso lo arriesgó todo para liberar a cientos de víctimas de la guerra. Y no lo hizo solo. Algo así no se hace sin que las personas se ayuden las unas a las otras. Y él es un claro ejemplo de solidaridad.

# ELEANOR ROOSEVELT

## La mujer que defendió que todos somos igual de importantes.

Estados Unidos, 11 de octubre de 1884 - 7 de noviembre de 1962

Eleanor nació en una familia acomodada y llena de privilegios, pero su infancia no fue fácil. Sus padres y uno de sus hermanos murieron siendo ella aún muy joven. A los diez años, era huérfana.

De adolescente estudió en una escuela en Inglaterra. Su tutora fue Marie Souvestre, una profesora muy diferente a las demás. Marie no educaba a sus alumnas para ser solo buenas esposas y madres de familia. No, les enseñaba a pensar por sí mismas, a ser independientes y a ser líderes. Y ya puestos, también aprendían francés.

Al volver a Estados Unidos, Eleanor se casó con Franklin D. Roosevelt, que llegó a ser presidente del país, no sin la ayuda de Eleanor.

Como primera dama, hizo algo que ninguna había hecho antes: se involucró dando ruedas de prensa, viajando por todo el mundo, escribiendo artículos e incluso presentando programas de radio. Defendía que las mujeres pudieran acceder a mejores trabajos y pedía derechos igualitarios para los ciudadanos afroamericanos y de origen asiático. Quería una sociedad más justa.

Tras la muerte de su marido, Eleanor no paró. Fue clave en la redacción de la Declaración Universal de los Derechos Humanos, considerada como uno de los escritos más importantes de toda la historia. No fue fácil, pues había gente de países y culturas muy diferentes. El primer artículo dice algo tan básico y necesario como que «todos los seres humanos nacen libres e iguales en dignidad y derechos».

Si respetamos estos derechos, dijo ella, los nuestros y los de los demás, nos daremos cuenta de que construir la paz en el mundo será más fácil. El verdadero cambio debe proceder de los corazones de la gente.

# ELLEN NEWBOLD LA MOTTE

## La enfermera valiente que no dudó en explicar los horrores de la guerra.

Estados Unidos, 27 de noviembre de 1873 - 1961

Ellen no quiso resignarse a lo que los demás esperaban de ella. Y eso nunca resulta fácil. Su familia pensaba que debía de ser una princesa de cuento de hadas, pero Ellen quería ser el dragón, Sant Jordi, la rosa y el castillo.

A los veinticuatro años se marchó de casa para estudiar enfermería, y tres años más tarde comenzó a trabajar con enfermos de tuberculosis, además de investigar y publicar artículos. Pocas mujeres lo hacían por entonces. Incluso llegó a enfrentarse con otros médicos, quienes pensaban que sus métodos modernos no eran eficientes.

Tiempo después viajó a París, con la mala suerte de que, mientras estaba allí, estalló la Primera Guerra Mundial. Ella, enfermera y con gran vocación por cuidar, se ofreció como voluntaria en un hospital de campaña, cerca de las trincheras.

Lo que vivió allí hizo que tuviera pesadillas para siempre. Cada día recibía a jóvenes soldados con heridas muy graves. Para desahogarse comenzó a escribir un diario en el que explicaba el horror que vivía a todas horas. Porque, como anotó, «mucha gente describe la guerra por el lado heroico, pero yo debo dar cuenta de lo que he visto, el otro lado».

Y ese otro lado no tenía nada que ver con los relatos de las novelas y el cine. En la guerra no hay héroes: todos son víctimas.

Su diario fue muy leído en su país, los Estados Unidos, hasta que lo prohibieron. En otros países ni llegó a publicarse. Los gobiernos temían que las brutales y sinceras descripciones de Ellen hicieran perder las ganas de participar de los soldados.

Lo que no pudieron evitar es que, con el tiempo, *El retroceso de la guerra* se convirtiera en un clásico del pacifismo. Y es que si algo les sienta mal a las guerras, es la información.

# Gandhi y la marcha de la sal

El 30 de enero se celebra en todos los centros educativos el Día Escolar de la Paz. La educación en y para la tolerancia, la solidaridad, la concordia, el respeto a los derechos humanos... son motivos para recordar en este día que también es el aniversario de la muerte de Mahatma Gandhi.

Gandhi realmente se llamaba Mohandas Karamchand. «Mahatma» significa en sánscrito «alma grande». Su vida y obra fueron fuente de inspiración para muchas personas, primero en su país, la India, y luego en el resto del mundo.

Gandhi creció en Porbandar, pero cuando fue lo suficientemente mayor marchó a Londres a estudiar Derecho. Por aquel entonces, la India pertenecía al Imperio británico, al igual que Sudáfrica, siguiente destino de nuestro protagonista. Allí Gandhi sintió la discriminación y la injusticia por ser hindú, lo que lo llevó a trabajar por el respeto y los derechos humanos, poniendo en marcha un método revolucionario

llamado «Satyagraha», que significa «resistencia pacífica». Gandhi y sus compañeros hacían sentadas, tranquilas y silenciosas, para manifestar su rechazo a situaciones injustas.

La marcha de la sal fue un recorrido que hizo a pie, junto con más pacifistas, desde su retiro religioso en Sabermanti hasta Danda, en la costa del mar Arábico. Cuatrocientos kilómetros para denunciar el monopolio con el que el gobierno británico explotaba las minas de sal de la India. Fiel a sus convicciones pacifistas, la protesta recorrió el camino sin violencia y, al llegar al mar, Gandhi se agachó y cogió un puñado de sal. De ahí el nombre de la marcha.

A Gandhi se le atribuye una conocida frase: «No hay un camino para la paz, la paz es el camino». Aún hoy reivindicamos su legado pacifista, conmemorando el día de su asesinato, el 30 de enero de 1948, como el Día Escolar de la No Violencia y la Paz en los colegios de todo el mundo.

# FEDERICA MONTSENY

## La niña que escribía cuentos de mujeres fuertes y acabó siendo la primera mujer ministra.

España, 12 de febrero de 1905 - 14 de enero de 1994

**F**ederica siempre fue muy inquieta y curiosa. Le gustaba sentarse junto a la ventana y escribir artículos. Sus temas favoritos eran el feminismo y la lucha por la libertad. Era bastante soñadora, así que también escribía cuentos protagonizados por mujeres que se rebelaban contra la injusticia.

En aquellos años los hombres pensaban que las mujeres no estaban preparadas para cosas como gobernar (o para muchos otros trabajos), y que su lugar era ocuparse de la casa y criar a los hijos. Pero Federica, claro, no estaba de acuerdo. Y tanto empeño puso que acabó siendo ministra. La primera en España y una de las primeras de Europa.

Pero tuvo la mala suerte de que muy poco después estalló la guerra civil española. No pudo estar en el cargo ni seis meses. Y aun así, en las condiciones más difíciles, consiguió aplicar un montón de medidas, siempre adelantadas a su tiempo. Por ejemplo, trabajó para que los niños tuvieran las necesidades básicas cubiertas, elaborando un plan de hogares. Dijo: «Yo quería que desapareciera la tristeza de los hijos sin padre y madre; la tristeza de los niños en largas salas en las que se alinean camas blancas frías y desiertas».

Como estuvo en el bando de los vencidos, tuvo que huir e irse a vivir a Francia. Pero desde allá siguió luchando pacíficamente por sus ideas. Con el nombre falso «Fanny Germain», hizo de periodista y directora de diarios.

Muchísimos años después, cuando acabó la dictadura en España, pudo regresar. Y demostró que no hay edad máxima para defender la paz y la justicia. Lo hizo hasta el último día de sus ochenta y ocho años, mostrando el deseo de construir una sociedad donde no tuvieran espacio ni las violencias ni los conflictos armados. Y aunque ella se tropezó con una guerra, siempre defendió la democracia y el diálogo como la única opción ante el odio.

# GERDA TARO

## La mujer que quiso acabar con la guerra mostrándola en toda su crudeza.

Alemania, 1 de agosto de 1910 - 26 de julio de 1937

La fotoperiodista Gerda Taro en realidad se llamaba Gerta Pohorylle. Ya de pequeña la apodaron «Pequeño zorro rojo» por el color de su pelo y por lo lista que era. Su madre le dijo un día que una imagen vale más que mil palabras. Aquella afirmación hizo que Gerda se obsesionara con un invento llamado cámara de fotos y que ella, curiosa e intrépida, quisiese tener una e inmortalizar el mundo.

Pronto descubrió que la fotografía era una forma perfecta de explicarle al mundo lo que pasaba. Creía en la igualdad de las clases sociales, y aunque ella pertenecía a una familia judía con dinero, le interesaba retratar la vida y los problemas de los obreros.

Cuando empezó la guerra civil española, Gerda y su novio Endre Ernö Friedmann se desplazaron a España a fotografiar los horrores de la guerra. Querían que las imágenes dieran la vuelta al mundo para que todos entendieran la necesidad de trabajar por la paz. Ambos se inventaron un nombre, Robert Capa, y la historia de que era un fotógrafo supuestamente muy reconocido en los Estados Unidos, para poder cobrar más dinero por las fotografías y que más medios de comunicación las publicasen.

Les resultó muy bien: las fotografías de guerra de Robert Capa horrorizaron al mundo. Las cámaras de fotos también son un arma de construcción masiva: Taro (o Robert Capa) demostró en sus imágenes la necesidad de paz sin ningún «pero» de por medio. Aunque, por desgracia, no cambiaron el resultado de la guerra, como ellos deseaban.

A Gerda Taro se la considera la primera fotoperiodista de guerra y una de las más importantes que han existido, con una mirada propia y el objetivo de la cámara siempre puesto en la paz.

# GINO STRADA

## El médico que mostró que no hay mejor lugar que una guerra para luchar por la paz.

Italia, 21 de abril de 1948 - 13 de agosto de 2021

Gino, como se les llama a los Luigi de forma cariñosa, estudió Medicina en Milán y decidió especializarse en Cirugía de Urgencias. Valiente y solidario como pocos, enseguida empezó a colaborar con el Comité Internacional de la Cruz Roja, que se dedica a proteger y a tratar a la gente herida en las guerras de cualquier parte del mundo. Esto es muy importante porque durante las guerras hay tantos heridos que no existen hospitales o médicos suficientes como para curar a todos.

Así, Gino decidió crear la organización Emergency junto con su esposa y otros médicos. Pronto se embarcaron hacia Ruanda, en África, que estaba en plena guerra civil, y se dedicaron a tratar a las víctimas, poniéndose en riesgo ellos mismos muchas veces: para un cirujano, la medicina de guerra supone operar mientras siguen cayendo las bombas a tu lado.

Después de trabajar en muchos países más, aterrizó en Afganistán, donde llegó a construir tres hospitales y cuarenta y cuatro puestos de primeros auxilios. Para él y los demás miembros de Emergency, lo importante era salvar vidas sin importar el país, el color de la piel o quiénes eran los buenos y los malos.

Gino siempre se manifestó en contra de la violencia y solía decir: «Si uno cualquiera de nosotros, seres humanos, en este momento está sufriendo, está enfermo o tiene hambre, es algo que nos interesa a todos. Ignorarlo es siempre un acto de violencia y de los más cobardes».

La organización ha trabajado en más de trece guerras y ha tratado a más de once millones de personas. El trabajo de Gino Strada fue reconocido con un importante premio: el Right Livelihood Award. Pero, para él, lo mejor fue poder acostarse cada noche pensando en que había ayudado a todas las personas que había podido. Eso no tiene premio ni precio que lo iguale.

# La pipa de la paz

En las antiguas películas del Oeste, las de indios y vaqueros, cuando acababan de pegar tiros y lanzar flechas se sentaban a fumar juntos la pipa de la paz. Era una manera de zanjar el asunto. Las películas de Hollywood se inventan muchas cosas, pero, en este caso, la tradición era cierta.

Los nativos americanos hacían ceremonias en las que fumaban tabaco y hierbas usando una pipa sagrada que compartían entre los asistentes. Era una manera de celebrar un nacimiento, o un casamiento, un reencuentro entre amigos, un acuerdo… y, por supuesto, la paz entre tribus.

También lo usaban en rituales para conectar con los espíritus: aspiraban la pipa y echaban el humo hacia el cielo, como si hablaran con el más allá.

Hoy en día, usamos la expresión como sinónimo de juntarse y hacer las paces, sin necesidad de pipa sagrada ni de sentarse todos en círculo.

Otra expresión que también procede de una tradición de los nativos americanos es la de «enterrar el hacha de guerra». En vez de limitarse a guardar las armas en un saco o en un baúl, en ocasiones las enterraban como símbolo de paz entre tribus. Si el acuerdo se rompía y volvían las amenazas, era el momento de desenterrarlas. Una de las armas más representativas de los nativos americanos es el *tomahawk*, un tipo de hacha.

Ya sea fumando la pipa de la paz o enterrando el hacha de guerra, lo importante es ponerse de acuerdo y hacer las paces. Estar enfadados no sirve de nada.

# GRETA THUNBERG

## La niña que ha inspirado a millones de personas a marcar la diferencia.

Suecia, 3 de enero de 2003

El mundo está en peligro si no dejamos de abusar de sus recursos. Parece increíble que a algo tan serio nadie le hiciera caso hasta hace muy poco, ¿verdad?

Eso mismo pensaba Greta. Y no se conformó: decidió dar el primer paso para concienciar a todos de la necesidad de frenar el cambio climático. De momento estaba sola, pero eso no iba a dejarla en casa de brazos cruzados.

Inició su protesta un viernes por la mañana. Se sentó frente al Parlamento sueco, que es donde los políticos toman las decisiones, y se puso a repartir octavillas a la gente de la calle, en las que explicaba el peligro de la crisis climática, a la que había que enfrentarse cuanto antes.

«Nadie está haciendo nada —dijo—, así que yo debo hacer todo lo que pueda».

Junto a ella, colocó una pancarta que decía «EN HUELGA POR EL CLIMA». Lo repitió otro viernes. Y luego otro. Y no solo en su ciudad. Su protesta se hizo tan famosa que surgieron manifestaciones en otros países de todo el mundo.

En tan solo un año pasó a inspirar un movimiento global contra el cambio climático. Y no solo protestas, también acciones que cada uno de nosotros puede hacer. Desde el ahorro energético y frenar la contaminación, hasta la manera en que nos alimentamos. Como ella misma dijo, nadie es demasiado pequeño para marcar la diferencia.

Greta siempre ha sido una chica bastante callada, pero la injusticia y la alarma la han motivado a dar discursos para combatir el calentamiento global. En una ocasión explicó que, si habla poco, es porque solo lo hace cuando es necesario. Y añadió: «Ahora es uno de esos momentos».

# HENRY DAVID THOREAU

## El hombre enamorado del bosque que creó el pacifismo moderno.

Estados Unidos, 12 de julio de 1817 - 6 de mayo de 1862

Thoreau era tan rebelde que hasta se cambió el nombre: le habían puesto David Henry y se hizo llamar Henry David. Fue escritor, filósofo, poeta, amante de la naturaleza y fabricante de lápices.

Y tozudo.

Cuando los Estados Unidos entró en guerra con México, Henry se negó a pagarla con sus impuestos. La guerra le parecía injusta e innecesaria, del mismo modo que también se lo parecía la esclavitud que regía en el país. ¿Por qué iba a obedecer a un gobierno que hacía cosas injustas? De ese modo, él también sería responsable de la guerra. No, él estaba en contra. No iba a pagar.

Thoreau fue detenido y lo metieron en la cárcel. No le importó. Siguió defendiendo la idea de que los políticos no pueden tener más poder que el que los ciudadanos les otorgan. Están ahí solo porque los ciudadanos los han votado. Si hacen leyes injustas, hay que protestar.

Thoreau era tozudo y desobediente, pero también un pacifista convencido. La desobediencia y la protesta deben ser siempre pacíficas. Responder con violencia sería contribuir al mal.

Su idea de rebelarse de manera pacífica contra leyes injustas inspiró a muchos de los más grandes activistas, desde Gandhi hasta Martin Luther King. Su pensamiento es tan valorado hoy como el primer día.

También fue uno de los primeros defensores de la protección del medioambiente. En su libro *Walden* narra los más de dos años que pasó, solo, en una cabaña en el bosque. Con ese libro nos recuerda que nuestro origen está en la naturaleza, su belleza y la importancia de cuidarla.

¿Quién no ha soñado con pasar unos días en una cabaña en el bosque?

# IQBAL MASIH

## El niño que se rebeló contra la esclavitud.
## La suya y la de todos los niños del mundo.

Pakistán, 1 de octubre de 1982 - 16 de abril de 1995

¿Te han dicho alguna vez «Esto no es cosa de niños, vete a jugar»? Pues al bueno de Iqbal, de Pakistán, le decían justo lo contrario: nada de jugar, y a trabajar como los adultos.

Con solo seis años le obligaban a trabajar hasta doce horas al día tejiendo alfombras. Imagínate empezar a trabajar a las nueve de la mañana y no acabar hasta las nueve de la noche. A eso se le llama «explotación infantil», y está prohibidísima en muchos países.

Esas eternas jornadas de trabajo pronto empezaron a causar problemas de salud muy serios a Iqbal. Por ejemplo, cuando tenía diez años no medía más que un niño de seis. La esclavitud en el trabajo y la mala alimentación le estaban impidiendo crecer adecuadamente. Y ni hablar de hacer amigos o jugar a la pelota.

Pero Iqbal no se resignó a ser un esclavo: se armó de valor y buscó ayuda. Y es que, si tenemos un problema muy grande, siempre es mejor afrontarlo en compañía. Iqbal tuvo la suerte de conocer a Ehsan Khan, que tenía una ONG dedicada a la lucha contra el trabajo infantil. Con su ayuda consiguió escapar del telar de alfombras.

A partir de entonces, ya libre, Iqbal dedicó todas sus energías a tratar de evitar que otros niños pasaran por lo mismo que él. Los niños y las niñas tienen que soñar, jugar y estudiar. Crecer sanos sin jugarse la salud. Por desgracia, a Iqbal su lucha le costó la vida cuando solo tenía doce años. Pero consiguió abrir los ojos a toda la humanidad sobre una injusticia que se creía olvidada.

Aunque aún hoy uno de cada seis niños en el mundo es obligado a trabajar, cada vez son más los países y las empresas que se niegan a permitir una práctica tan horrible.

«No hay camino para la paz,
la paz es el camino.»

**Mahatma Gandhi**

# IRENA SENDLER

## El ángel de Varsovia que salvó a miles de niños.

Polonia, 15 de febrero de 1910 - 12 de mayo de 2008

Irena fue una de esas personas capaces de encender algo de luz en medio de la oscuridad.

Su padre, que era médico, murió cuando ella tenía solo siete años, contagiado de tifus mientras atendía a gente pobre, enfermos por la epidemia. «Aunque no sepas nadar, si ves a alguien que se ahoga, lánzate a salvarlo», le dijo a su hija. Ella nunca lo olvidaría.

Durante la invasión alemana de Polonia, en la Segunda Guerra Mundial, los nazis crearon guetos para la población judía. Eran zonas de la ciudad en las que los empujaban a vivir, atrapados, en condiciones indignas. El gueto de Varsovia, la ciudad de Irena, estaba rodeado por un muro de tres metros y medio de altura, con alambre de espino en lo más alto, y vigilado por los dos lados. Ayudar a los judíos estaba prohibido: podían condenarte a muerte.

Pero eso no detuvo a Irena. Se hizo voluntaria como médica para tener acceso al gueto. Una vez allí, puso en marcha un plan para sacar a los niños y niñas de la zona.

A algunos los enviaba por pasadizos secretos, bajo la iglesia, o usando las alcantarillas que conectaban con el exterior. A otros los escondía en maletas, en sacos viejos, entre las camillas de la ambulancia… incluso en ataúdes.

Una vez fuera, les cambiaba el nombre y los llevaba con familias que los acogían, o a orfanatos donde los nazis no pudieran encontrarlos. Hizo una lista con los nombres reales y el lugar al que los había enviado. Enterró la lista bajo un manzano con la esperanza de que, algún día, pudieran reencontrarse con sus padres.

Irena fue capturada, pero nunca confesó dónde estaba la lista. Su historia es la de alguien que se jugó la vida para salvar el futuro de 2.500 niños y niñas inocentes. Fue su ángel de la guarda.

# JANE ADDAMS

## La rica heredera que dedicó toda su vida y su fortuna a la paz y la justicia.

Estados Unidos, 6 de septiembre de 1860 - 21 de mayo de 1935

En el Chicago de 1889, los trabajadores vivían hacinados, no tenían cocina ni calefacción, ni siquiera agua potable. Había basura y ratas por todas partes. Los niños sobrevivían en muy malas condiciones y, desde pequeños, tenían que trabajar en las fábricas.

Jane Addams no soportaba las malas condiciones en las que vivían los obreros y las obreras. Tenía mucho dinero y un corazón aún más grande. Así que, junto a su novia Ellen Gates Starr alquilaron un inmenso edificio, la Hull House. Ellas y veintitrés amigas se fueron a vivir juntas, se organizaron como una cooperativa. Todas ellas eran mujeres de letras, universitarias, muy cultas y de clase acomodada. Pero, tenían una fuerte sensibilidad por la justicia social. Así que, abrieron su casa a todas las personas que necesitaran un buen hogar.

La Hull House fue convirtiéndose en todo lo que un barrio pobre necesita: una escuela para los niños, un centro médico para obreros y obreras, una academia de formación, un gimnasio, una piscina, grupos de teatro, de pintura y de artes, y hasta un museo de tradiciones y costumbres. Jane y sus amigas consideraban que la cultura era muy importante para los niños y los adultos.

Además de ayudar a la gente, estas mujeres también los animaban a unirse y a luchar por sus derechos. Y con gran éxito: gracias en parte a la Hull House, consiguieron horarios razonables en las fábricas, que solo se pudiera trabajar a partir de los catorce años, mejores condiciones y salarios más justos.

Por si todo eso no fuera bastante, Jane también luchó por el derecho a voto de las mujeres en los Estados Unidos y cuando la Primera Guerra Mundial estalló, viajó en barco hasta La Haya para unirse a más mujeres relevantes y pedir la paz. Allí formaron la Liga Internacional de Mujeres por la Paz y la Libertad. Pocas personas han existido con la decisión, los recursos y un corazón tan enorme como el suyo.

# JODY WILLIAMS

**La profesora que nos enseña
que la paz hay que ganársela.**

Estados Unidos, 9 de octubre de 1950

Jody creció en una época en que sucedían muchas cosas a su alrededor: se estaba librando la guerra de Vietnam, había empezado la lucha contra el racismo y por los derechos de los afroamericanos y el feminismo crecía entre aquellos que sentían vivir en una sociedad desigual. Estaban sucediendo cosas, y ella no podía ni quería quedarse al margen.

Empezó repartiendo octavillas en su ciudad y ha acabado dando charlas por todo el mundo. Ha coordinado proyectos por la educación en Nicaragua y Honduras, y por la ayuda sanitaria en El Salvador. Pero lo más destacado, por lo que ganó el Nobel de la Paz, fue conseguir la prohibición y retirada del uso de las minas antipersonas y las bombas de racimo en todo el mundo.

Su idea de «paz» va más allá de «no estar en guerra». Como ella misma ha dicho, la paz no es cantar canciones bonitas, ver el arcoíris y hacer meditación. La paz significa que haya justicia e igualdad, que todas las personas tengan acceso a la sanidad y a la educación.

Jody cree firmemente en los derechos humanos, pero también en lo que llama responsabilidad universal. La paz solo se consigue si se defiende cada día. El activismo no es dibujar una pancarta una vez al año o dar un «like» en internet.

En su organización hay voluntarios que participan una hora a la semana. Otros, como ella, dedican todo el día. Para Jody lo importante es ponerse en pie y actuar. No es fácil, y cada persona puede tener maneras diferentes de hacerlo. Pero entre todos podemos cambiar el mundo. Nadie lo va a hacer por nosotros.

En una entrevista, Jody dijo que de pequeña quería ser el papa. Entre otras cosas, le gustaba cómo iba vestido. Pero supo que era casi imposible. Ella era mujer, y poco religiosa. Eso no fue obstáculo para acabar siendo una de las mayores defensoras de la paz en la Tierra.

# Canciones por la paz

### Give Peace a Chance e *Imagine*, de John Lennon

Son dos de las composiciones más importantes de nuestra cultura y verdaderos himnos pacifistas. En *Imagine*, el famoso Beatle nos invita a imaginar un mundo sin muchas de las cosas que, a veces, nos separan. Puede que imaginarlo juntos sea la mejor manera de conseguir la paz.

### La guerrilla de la concordia, de Jorge Drexler

«Odiar es muy sencillo, amar es cosa de valientes». El mensaje de Drexler es claro y contundente: acabemos con la discordia y amémonos todos. Y encima, ¡lo hace a ritmo de góspel!

### Redemption Song, de Bob Marley

Bob Marley consiguió hacer canciones que todo el mundo, aunque no sea fan de su música, reconoce y tararea. Pero hay una muy especial que, a pesar de ser triste, sigue uniendo a mucha gente sin importar su origen. A través de los recuerdos de esclavitud, Marley nos anima a cantar con él estas canciones de libertad, por justicia, paz y dignidad.

### Paz paz paz, de Juanes

Como ocurre con John Lennon, algunas palabras tienen tanta fuerza que no necesitan ir envueltas en grandes descripciones o metáforas. Juanes nos llama a darnos la mano y soñar con la paz llenos de esperanza.

### Novena Sinfonía, de Ludwig van Beethoven

Más conocida como «Himno de la alegría», es una de las obras más importantes de la historia de la música. En su parte final, el coro empuja al oyente a ponerse en pie y cantar a la unión, a la vida y a la libertad. Fue su última obra. Cuando la estrenó, leía la partitura imaginando las notas en su cabeza, pues no podía oírlas: se había quedado sordo. Sin embargo, sí pudo ver a todo el público en pie y aplaudiendo emocionado. Desde el año 1985, es el himno de la Unión Europea.

### Zombie, de The Cranberries

Una parte del camino hacia la paz es recordar lo ocurrido para que no vuelva a pasar. Esta dura canción habla de lo difícil que es entender que se produzcan las guerras. ¿Qué tendrán en la cabeza los que eligen herir a otras personas?

### Sunday Bloody Sunday, de U2

Muchos músicos irlandeses han escrito canciones hablando del conflicto terrorista que hubo en Irlanda. U2 narra el momento en que uno ve las noticias y no puede creerse lo que está pasando. Solo hay algo que se pueda hacer: unirse, ser uno y que llegue el día en que no tengamos que cantar estas canciones.

# JOHN LENNON

## El Beatle que nos hizo cantar unidos por la paz.

Reino Unido, 9 de octubre de 1940 - 8 de diciembre de 1980

John era un chico rebelde de clase obrera que un día cogió una guitarra y con sus amigos formó el grupo de música más importante de la historia: los Beatles.

El éxito del grupo dio la vuelta al mundo; se volvieron famosos, ricos y queridos allá donde fueron. La gente los escuchaba, seguía todo lo que hacían. Pero, a diferencia de muchos otros músicos, artistas o deportistas, Lennon usó esa atención también para dar a conocer sus opiniones y concienciar a la gente sobre causas sociales.

Combatió el racismo y la xenofobia, se sumó a la lucha feminista y, sobre todo, clamó en contra de la guerra. Habló de ello en multitud de entrevistas y, como no podía ser de otra manera, también en sus canciones.

Se casó con la artista Yoko Ono, y, aprovechando que siempre había periodistas siguiéndolos, decidieron iniciar una protesta muy peculiar. Durante su luna de miel en Ámsterdam, invitaron a los medios de comunicación a subir a la habitación del hotel, donde los dos enamorados pasaron una semana entera sentados en la cama, debatiendo sobre la paz mundial. ¿Detuvieron las guerras? ¿Resolvieron los problemas del mundo? La verdad es que no. Tampoco pensaban conseguirlo así como así. Lo importante era hacer llegar el mensaje a la gente. Y durante días, todo el mundo habló de ello.

Repitieron la protesta en Montreal, donde compusieron *Give Peace a Chance*, una canción llena de energía positiva que pide algo tan simple y necesario como «dar una oportunidad a la paz».

Su canción más recordada es *Imagine*, una de las composiciones más importantes de nuestra cultura y todo un himno pacifista. Como sus letras y melodías, esperemos que el mensaje también siga vivo inspirando a nuevas generaciones, y nunca dejemos de dar una oportunidad a la paz.

# JULIAN ASSANGE

## El hacker que mostró al mundo las injusticias del poder.

Australia, 3 de julio de 1971

Julian era un niño muy tímido, con problemas para hacer amigos. Su mundo era su ordenador. Aprendió a entrar en otros, estuvieran lejos o cerca. Internet se convirtió en un océano de posibilidades para él.

Los hackers muchas veces cometen ilegalidades. En el caso de Julian, accediendo a documentos secretos de los gobiernos. Pero, para Julian, los secretos nunca son buenos. No se puede permitir que quienes mandan oculten cosas a sus ciudadanos. Decidió que él intentaría poner luz en las sombras.

Fundó una web llamada WikiLeaks, en la que daba a conocer los papeles y escritos confidenciales que la prensa no conocía o no quería publicar (de nuevo, porque es ilegal). Lo que más le interesaba a Julian era dar a conocer las atrocidades que muchas veces cometen los ejércitos y por las que nunca pagan.

Gracias a la colaboración ciudadana, WikiLeaks publicó centenares de temas que comprometían a políticos y militares corruptos. Y, sobre todo, a soldados que habían trabajado de forma inhumana. Reveló las maldades detrás de todas las guerras de su tiempo: Afganistán, Kenia, Irak…

Assange está perseguido por la justicia de los Estados Unidos por revelar secretos, y se ha visto obligado a vivir muchos años encerrado en una embajada para que no pudieran detenerlo. Y, aunque también ha sido acusado de otros delitos nada justificables, su idea sigue siendo más que justa: no hay mejor forma de trabajar por la paz que contar los horrores que se cometen en la guerra.

# LEYMAH GBOWEE

## La mujer que hizo todo lo inimaginable por conseguir la paz en su país.

Liberia, 1 de febrero de 1972

Desde que Leymah tenía diecisiete años, su país, Liberia, se encontraba inmerso en una terrible violencia que lo devastaba todo. Ni los pájaros cantaban. Ella tuvo que escapar de su casa y vivió durante un tiempo en un campo de refugiados. Allí conoció a niños y niñas que habían sido obligados a luchar en la guerra.

Y es que, por increíble que parezca, hay guerras en las que se obliga a combatir a los niños y niñas. Y no a unos pocos: se calcula que hoy son unos 300.000 en todo el mundo. ¿Imaginas cambiar los lápices de colores por una metralleta?

Leymah fue madre de seis hijos, y no quería ese terrible futuro para ninguno de ellos. Decidió luchar contra la guerra de forma pacífica… y muy original. Empezó dejando sus trajes de colores, de telas cosidas a mano, con estampados preciosos y alegres, y vistiéndose de blanco. Iba a manifestarse en los mercados, gritando consignas pacifistas. Enseguida se le unieron otras madres.

Estas mujeres valientes probaron con todo tipo de formas de protestas; incluso llegaron a hacer una huelga de cariños y cuidados con sus parejas.

Su acción más famosa fue cuando se iniciaron las negociaciones para firmar la paz. Leymah y sus compañeras llegaron al lugar de la reunión, rodearon el edificio y juraron que no se moverían hasta que finalizara la guerra. Formaron un cinturón blanco de mujeres hartas de la violencia que no dejó salir a absolutamente nadie. A las dos semanas se puso fin a la guerra.

Leymah Gbowee es una mujer creativa que ha ideado mil formas de manifestarse a favor de la paz. A día de hoy, sigue peleando por el mundo entero. Hasta que ningún niño tenga que cambiar un lápiz de colores por una pistola.

# 1989

# Derribando muros

¿**T**e imaginas que pusieran una barrera en el centro de tu ciudad y no dejaran que nadie pasara de un lado al otro?

Pues así fue durante treinta años en Berlín. Tras la Segunda Guerra Mundial el país había quedado dividido en dos, y los de un lado, bajo control ruso, quisieron evitar que sus ciudadanos huyeran a la parte occidental, así que levantaron un muro de más de tres metros de alto, con cables de acero, rejas electrificadas, búnkeres y vigilado por perros y policías. No dejaban que nadie lo cruzara. Ese muro estuvo en pie durante treinta años… No solo dividía una ciudad, también separaba a seres queridos y familias.

Cada lunes muchas personas se reunían, frente a la iglesia de San Nicolás, para rezar por la paz. Era el único sitio donde los ciudadanos de la zona este podían hacerlo: estaba prohibido reunirse para hablar de política, y mucho menos de temas como la libertad. O, mejor dicho, la falta de libertad.

Las manifestaciones de los lunes fueron creciendo. Seguían reuniéndose frente a la iglesia, pero daba igual si uno era creyente o no, si se era joven

o viejo. Todos estaban allí por la misma razón: basta de penurias, basta de opresión. Las cosas no podían continuar así.

Con el tiempo la gente fue perdiendo el miedo. En 1989 empezó a haber manifestaciones por todo el país, clamando al unísono «Wir sind das Volk», ¡Nosotros somos el pueblo! La policía no respondió violentamente: no estaban dispuestos a disparar contra vecinos y amigos. El pastor de la iglesia solía decir «quien lleva una vela en la mano, no puede estar lanzando piedras». Y los policías estaban preparados para todo, menos para oraciones y velas.

Las marchas llegaron hasta Berlín. El 9 de noviembre, justo un mes después, cayó el muro. Abrieron el paso y la gente, eufórica, cruzó la frontera. Al otro lado, los alemanes del oeste los esperaban con los brazos abiertos. Aquel momento pertenecía, a los ciudadanos. Muchos se subieron al muro como señal de victoria. Otros lo derribaron con picos y martillos.

Dejaron algunos tramos en pie en diferentes puntos de la ciudad, como recordatorio de algo a evitar en el futuro. El más famoso está decorado por más de cien artistas que acudieron a celebrar la caída del odiado muro y el triunfo de la unión y la paz contra la fuerza y la violencia.

# LILIANA SEGRE

## La niña prisionera que soñaba con mariposas.

Italia, 10 de septiembre de 1930

Cuando Liliana tenía ocho años fue expulsada del colegio. Ahora tiene más de noventa y todavía recuerda cuando le dijeron que el motivo era por ser judía. En ese momento, muchos de los que fueron sus compañeros empezaron a verla y a tratarla de diferente manera. Se sintió rechazada e invisible.

La primera vez que oyó la palabra «escapar» fue cuando intentó llegar a Suiza con su padre, huyendo de Italia, de su casa. Pero fueron capturados. A partir de ahí no volvió a ver a su familia.

Durante sesenta años no pudo hablar de lo mal que lo pasó. La vida en los campos de concentración es una de las peores cosas que han existido nunca. Pero cuando se convirtió en abuela, sintió que era el momento de explicar lo sucedido. Era su deber concienciar a la gente para que la guerra no vuelva a ocurrir.

Desde entonces, ha dado charlas en colegios y asambleas, contando su historia a los más jóvenes: algún día serán adultos y tendrán que tomar decisiones. La paz es la única salida.

A Liliana le sigue doliendo hablar de ello. Pero entre todo el horror, tiene una imagen grabada en la mente que le gusta compartir: mientras estaba prisionera junto con otros chicos de su edad, vio a una niña dibujando una mariposa amarilla que volaba sobre el alambre de espino en lo alto del muro. Liliana entendió que la fuerza de la vida es extraordinaria. «Sed mariposas volando sobre la alambrada de púas», les dice a los jóvenes.

Hace unos años que dejó de dar charlas. «Estoy agotada», explicó. Hoy Liliana es senadora vitalicia en Italia, un reconocimiento que se le da solo a las grandes personalidades del país. Y disfruta de sus nietos, con la esperanza de que nadie se olvide de las mariposas amarillas.

# MALALA YOUSAFZAI

## La niña que sobrevivió a un atentado y se convirtió en la mayor defensora de la paz.

Pakistán, 12 de julio de 1997

Malala era una niña pakistaní muy lista: con tres años ya hablaba tres idiomas (pastún, urdu e inglés). Su padre, un poeta que tenía varias escuelas en su ciudad, le inculcó el amor por el conocimiento. Iba al colegio feliz, hasta que todo se complicó cuando un grupo de extremistas religiosos llegaron a su ciudad y prohibieron montones de cosas, como comprar en centros comerciales, la televisión, bailar o que las niñas estudiaran. Llegaron a destruir escuelas para niñas. Pero Malala, en lugar de asustarse, empezó a dar charlas sobre la importancia de respetar el derecho a la educación.

Se hizo tan conocida que una televisión inglesa le pidió que hiciera un blog. Y, como los talibanes la vigilaban porque cada vez era más famosa, tuvo que escribir a escondidas, a mano, y darle los textos a un periodista para que los pasara al ordenador. Malala se volvió muy influyente, ¡y no tenía ni catorce años!

Pero la fama tuvo un precio muy alto para ella: un día, cuando volvía con sus amigas de la escuela, dos terroristas le dispararon en la cabeza. Milagrosamente sobrevivió. La noticia dio la vuelta al mundo y unas buenas personas se encargaron de pagarle el viaje al Reino Unido para que la operaran de urgencia.

Más tarde escribió un libro: *Yo soy Malala*, que vendió millones de copias. Por su defensa de la paz consiguió ser la Premio Nobel más joven de la historia, con diecisiete años.

Como ella dijo una vez: «Un niño, un profesor, un libro y una pluma pueden cambiar el mundo. La educación es la única solución para la paz».

# MARIA MONTESSORI

## La maestra que inventó un método para educar en la paz.

Italia, 31 de agosto de 1870 - 6 de mayo de 1952

Desde muy pequeña, Maria quería ir a la universidad. Por aquel entonces, eso no era habitual ni estaba bien visto, pero gracias a que su madre la apoyó, entró en la facultad de Medicina de Roma. Allí tuvo que soportar el que sus compañeros de clase se rieran de ella, y hasta que no la dejaran asistir a las clases que podían impresionarla más… y todo por ser una «frágil» mujer. Aun así, acabó siendo la primera mujer médica de Italia.

Quizá fue su propia experiencia como estudiante lo que hizo que se interesara por el aprendizaje. Viendo la cantidad de niños y niñas que eran descartados por «locos» o «tontos», pensó que quizá lo que estaba mal era la propia educación, no los alumnos.

Pronto abrió una escuela infantil en un barrio pobre, la Casa dei Bambini, y creó una forma única de enseñar: los niños tenían libertad para explorar, los espacios de las clases estaban adaptados a su estatura, las actividades eran casi como juegos, muy participativas, y el rol de los profesores era únicamente de guías. Fue un éxito tan grande que hoy en el mundo hay más de 22.000 escuelas Montessori en 110 países diferentes, todas muy prestigiosas y de gran éxito.

Maria vivió en tiempos de grandes guerras y ella defendía educar en la paz. «La gente educa para la competencia y este es el principio de cualquier guerra», decía. Para ella, a la paz se llega cooperando entre todos, enseñando a respetar y a ser solidarios, a escuchar opiniones diferentes y a defender las propias con respeto. Solo con educación se elimina la violencia.

Seguro que el mundo sería mucho mejor con menos bombas y más gente como Maria.

«Cuando me preguntaron sobre algún
arma capaz de contrarrestar el poder
de la bomba atómica, yo sugerí
la mejor de todas: la paz.»

**Albert Einstein**

# MARTIN LUTHER KING

## El activista que puso voz al sueño de todos.

Estados Unidos, 15 de enero de 1929 - 4 de abril de 1968

Martin creció en un mundo en el que te trataban diferente según el color de la piel. Los negros no podían entrar en algunas tiendas ni restaurantes, tampoco sentarse al lado de la gente blanca en el transporte público, ni podían ir a las mismas escuelas. No podían acceder a algunos trabajos o, de hacerlo, cobraban menos dinero. Tampoco podían votar.

Martin sufrió esta discriminación ya desde bien pequeño, cuando sus amigos blancos dejaron de hablarle simplemente por ser negro. No tardó en entender lo injusto de esa situación, y la necesidad de luchar por cambiarla.

En pocos meses, ocurrieron los incidentes con Claudette Colvin y Rosa Parks, historias que también encontrarás en este libro. Martin sabía que era el momento de actuar, de alzar la voz, de defender de una vez por todas los derechos de la comunidad negra.

Se realizaron toda clase de actos de protesta, siempre de manera pacífica. Martin consiguió unir a todos, organizando la que fue la manifestación más grande de la historia de los Estados Unidos. Como buen pastor de su iglesia, su palabra convencía a todos; su discurso «Tengo un sueño» (*I Have a Dream*) es uno de los más importantes de nuestro tiempo. Es el sueño de acabar con el odio, el sueño de que la sociedad entendiera que todos somos iguales.

Por desgracia, también hizo muchos enemigos entre quienes deseaban que todo siguiese igual. Uno de ellos lo mató de un disparo. Quedó claro el gran camino que quedaba —y queda— para alcanzar la paz.

Gracias a Martin y a millones de personas, hoy está prohibido tratar a nadie como a un inferior solo por su raza. Y es que acabar con una persona es fácil, pero acabar con un gran mensaje es imposible. Como solía decir: siempre es el momento adecuado para hacer lo correcto.

# NELSON MANDELA

## El hombre que nos enseñó que la libertad empieza por la justicia.

Sudáfrica, 18 de julio de 1918 - 5 de diciembre de 2013

Cuando nació, le pusieron el nombre de Rolihlahla, que quiere decir «revoltoso» en la lengua de su pueblo. Pero en la escuela lo bautizaron como Nelson: a los blancos cristianos no les gustaban los nombres africanos.

Su padre era un jefe tribal, y el pequeño Nelson creció escuchando a otros líderes tribales hablar sobre temas como la justicia o el racismo. Durante muchos años, en Sudáfrica rigió el *apartheid*: los blancos apartaban a la comunidad negra para tenerla vigilada. Las personas negras debían llevar siempre el documento de identidad para poder acceder a las zonas para blancos. Y no siempre les dejaban. Y, como no, tampoco podían votar.

Mandela no dudó en manifestarse ante tal injusticia, y fueron muchos los que lo acompañaron. Siempre trataron de no usar la violencia. No se puede decir lo mismo de los dirigentes blancos.

Rápidamente lo identificaron como uno de los líderes de las protestas, así que lo detuvieron y lo condenaron a cadena perpetua.

Pero la lucha siguió porque la causa era justa. Mandela se había convertido en todo un símbolo de la paz y de la lucha contra el racismo en el mundo entero.

Y fueron las protestas en todo el planeta las que obligaron al gobierno a liberarlo… después de haber pasado veintisiete años en la cárcel.

Mandela tenía ya setenta y dos años… Cualquiera hubiese esperado que estuviese lleno de odio y miedo. Nada de eso. En las siguientes elecciones, Mandela arrasó y se convirtió en presidente.

Mandela aguantó tres décadas de cautiverio injusto, pero nunca abandonó su intención de construir una sociedad libre e igualitaria, incluyendo a aquellos que quisieron apartarlo para siempre.

# OSCAR CAMPS

## El socorrista que salva a gente por todo el Mediterráneo.

Barcelona, 1963

¿Quién no ha soñado alguna vez ser un vigilante de la playa? Todo el día en la arena, protegiendo a los bañistas, subido a la torrecita contemplando las olas, con unas gafas de sol molonas... Oscar era uno de ellos, y le encantaba su trabajo.

Un atardecer, como cualquier otro de septiembre, Oscar revisó la playa, arrió la bandera y se marchó para casa. Le gustaba cenar con su familia viendo el telediario; pero entonces, vio algo que dio un vuelco a su vida.

Una imagen terrible: un niño pequeño, de una edad parecida a la de su hijo, ahogado en la playa. Era un refugiado sirio que trataba de llegar a Grecia huyendo de la guerra… pero no lo había conseguido. El mar es bravo y los refugiados tienen que cruzarlo en muy malas condiciones... aunque, claro, más miedo dan las bombas.

Oscar cogió sus ahorros y con su compañero, Gerard, fueron a Grecia a tratar de ayudar a las personas que estaban cruzando el mar en busca de paz. Pronto vieron que la situación era tremenda. Con ayuda de otros muchos, compraron un barco, el *Open Arms*, que va por el mar Mediterráneo ayudando y salvando a refugiados. A veces, hasta teniendo que enfrentarse a gobiernos que no quieren recibir a más extranjeros pobres.

En unos pocos años, su ONG, Proactiva Open Arms, ha ayudado a más de 61.000 personas que intentaban llegar a Europa huyendo de la guerra o de la extrema pobreza. Entre ellas, una mamá que dio a luz a un bebé en el propio barco. De nombre, le pusieron Miracle («milagro»).

Oscar sigue dedicándose a lo que más le gusta, que es salvar a la gente, pero ahora su playa es mucho más grande: todas las costas del mar Mediterráneo.

# La vuelta al mundo:
# 5 monumentos por la paz

**Campana japonesa de la paz de la ONU**

Fue un regalo del pueblo japonés a las Naciones Unidas. Pesa 116 kilos y su diámetro es de 60 centímetros. El metal para fabricarla procede de monedas que sesenta países donaron en una conferencia de la ONU. Está situada en la ciudad de Nueva York. En un lado de la campana hay una inscripción en caracteres japoneses: 世界絶対平和萬歳, «Larga vida a la absoluta paz mundial». Solo se hace sonar en contadas ocasiones. Una de ellas, el 21 de septiembre, Día Internacional de la Paz.

**El Ángel de la Paz de Múnich (*Friedensengel*)**

Junto al río Isar encontramos una alta columna que eleva al cielo al Ángel de la Paz. Es una escultura de bronce recubierta de oro, que representa a lapoderosa Niké, diosa griega de la victoria, portando a su aliada Atenea. El monumento fue construido para celebrar los veinticinco años de paz desde el fin de la guerra entre el Imperio francés y el reino de Prusia. Mide 38 metros de altura, los muros exteriores están decorados con mosaicos y en la base hay una escalinata que baja hasta una fuente.

### El Muro por la Paz de París
### (*Le Mur pour la Paix*)

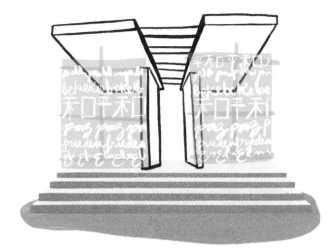

Está situado frente a la Torre Eiffel, en los jardines del Campo de Marte. Marte es el dios romano de la guerra, pero gracias a este monumento convive con la palabra «paz» escrita en 49 idiomas diferentes. En su interior también encontramos multitud de pantallas conectadas a internet donde se muestran los mensajes de paz que la gente envía desde la red.

### Memorial de la Paz de Hiroshima (原爆ドーム)

Cuando cayó la bomba atómica en la ciudad de Hiroshima, arrasó todo lo que había alrededor. Sin embargo, este edificio se mantuvo en pie. Todavía se puede ver el efecto del impacto, y es que ha sido conservado tal y como lo encontraron. Es un símbolo de la esperanza y un recordatorio de que hay que seguir luchando por la paz.

### La Paloma de la Paz de San Sebastián
### (*Bakearen Usoa*)

En la playa de San Sebastián, mirando al mar, encontramos una paloma descomunal: siete metros de alto y nueve de ancho, y cuatro toneladas de hierro y acero para resistir al viento y las tormentas. Fue construida como emblema de la paz y la convivencia de la sociedad vasca, justo cuando Euskadi vivía su época más oscura.

# OSKAR SCHINDLER

## El inolvidable salvador de 1.200 judíos perseguidos.

República Checa, 28 de abril de 1908 - 9 de octubre de 1974

Oskar era un empresario checo al que no le interesaba demasiado el origen de sus trabajadores: lo importante era que su empresa fuera bien. Si él ganaba dinero, todos contentos.

Al principio de la Segunda Guerra Mundial colaboró con la Alemania nazi; tenía que hacerlo si quería prosperar en los negocios. Compró una fábrica en Polonia y la llenó de trabajadores judíos. Como estaban maltratados por los nazis, cobraban mucho menos dinero.

Pero todo cambió cuando Oskar se dio cuenta de la barbarie. No solo los marginaban: los estaban exterminando. Ahora los negocios eran lo de menos. Había algo más importante, y era salvar a sus trabajadores, salvar tantas vidas humanas como fuera posible.

Comenzó a sobornar a los oficiales alemanes para que le dejaran mantener a sus empleados judíos con vida con la excusa de que lo hacía por la fábrica. Nadie sospechó de él: era inteligente, sabía caer bien y, al fin y al cabo, era un hombre de negocios. Y, de paso, los oficiales se llenaban los bolsillos con sus sobornos.

Oskar se gastó toda su fortuna. Pero le dio igual. Estaba haciendo lo correcto. De no ser así, los empleados judíos hubiesen sido enviados a campos de concentración a morir.

Logró escapar con la ayuda de su mujer. Acabó arruinado, pero había conseguido salvar a 1.200 seres humanos. Oskar fue un nazi que lo dio todo por proteger a los judíos. Por decencia y humanidad.

Durante sus últimos años vivió gracias a los donativos de la gente a la que había salvado. Al morir, fue enterrado en Jerusalén y el Estado de Israel le concedió su medalla más importante para personas no judías. A día de hoy, su tumba sigue llena de piedras, una tradición judía de respeto que, a diferencia de las flores, no se marchitarán y quedarán para siempre.

# PETER BENENSON

## El abogado que se rebeló contra la injusticia y decidió pasar a la acción.

Reino Unido, 31 de julio de 1921 - 25 de febrero de 2005

Peter Benenson leyó en el periódico una mañana que unos estudiantes en Portugal habían sido condenados a prisión por brindar por la libertad. Pensó que indignarse no era suficiente y que debía hacer algo. Así que escribió en ese mismo periódico llamando a la unión y la acción de los ciudadanos indignados ante esa y todas las injusticias. No solo para reivindicar los derechos de esos estudiantes, sino también los de todas las personas encarceladas solo por pensar diferente.

Según Peter, quizá una persona sola no pudiera hacer gran cosa, pero «si se unían en una acción común, podría hacerse algo eficaz». Y así fue como Peter y sus compañeros crearon Amnistía Internacional, una de las asociaciones más respetadas y poderosas que existen hoy para defender los derechos humanos.

Sus esfuerzos han sido muy importantes para combatir la pena de muerte en el mundo, así como la tortura, el comercio de armas o la utilización de niños y niñas en las guerras. Por ello, en 1977 Amnistía Internacional fue condecorada con el Premio Nobel de la Paz. Todo un reconocimiento.

Amnistía Internacional fue decisiva en la Creación de la Corte Penal Internacional para juzgar crímenes de guerra o genocidio. Esto fue muy importante: significa que, hoy en día, un gobernante tiene que pensárselo dos veces antes de hacer algo realmente malo en su país porque, por mucho que tenga controlado que allí no le pasará nada, puede ser juzgado por otra nación.

Por supuesto, en esto aún queda muchísimo por avanzar. Pero, aun así, se trata de un paso gigantesco.

Así que, si te indignan las injusticias pero piensas que nada se puede cambiar, recuerda lo que dice el proverbio chino que tanto le gustaba a Peter: «Es mejor encender una vela que maldecir la oscuridad». Quizá tú solo no puedas cambiar el mundo, pero no tienes por qué hacerlo solo.

# RIGOBERTA MENCHÚ

## La niña que creció en una guerra pero defendió los derechos de los indígenas con la paz.

Guatemala, 9 de enero de 1959

Rigoberta pertenece a una comunidad indígena llamada maya quiché en Guatemala, en América Latina. Cuando era niña, los pueblos indígenas estaban muy discriminados: no tenían derechos y sus trabajos eran precarios y mal pagados. Ya desde muy pequeña trabajaba en el campo recogiendo algodón y café en las fincas de los grandes propietarios del país. La gente blanca se reía de ellos y los miraban por encima del hombro por ser pobres y tener una cultura diferente.

La niña cobró conciencia del maltrato cuando fue a trabajar a la capital como asistenta doméstica de una rica familia; allí la hacían dormir en el suelo y comía lo que los patrones no querían. Así que Rigoberta, de sonrisa gigante, pronto conoció la injusticia y el odio por no ser como el resto.

Cuando aún no hablaba del todo bien, con solo tres años, comenzó una terrible y sangrienta guerra civil en su país. A la comunidad maya quiché se le sumó, a la extrema pobreza, las consecuencias de la guerra. Rigoberta perdió a sus hermanos, a su padre y a gran cantidad de amigos. Cuando creció, muchos de sus amigos optaron por combatir la injusticia con las armas, pero ella decidió trabajar pacíficamente por la unión de todos los indígenas y campesinos.

Y aunque nunca había ido a la escuela, escribió un libro. Fue todo un éxito y, gracias a él, mucha más gente se preocupó por la situación de los maya quiché. Tanto que recibió amenazas de muerte y tuvo que exiliarse a México.

Allí siguió luchando, a pesar de las campañas de desprestigio. Por ejemplo, la acusaron de que en realidad sí había ido a la escuela, y a una de lujo... sin decir que sí, había ido, pero no para estudiar sino para limpiar los suelos.

A pesar de todo, Rigoberta se hizo famosa en todo el mundo, y hoy no hay tormenta, relámpago ni huracán que la pare en su defensa de la paz y la justicia para su pueblo.

2020

# *Black Lives Matter.*
# Juntos por una convivencia pacífica.
# Juntos contra la discriminación.

**E**l trabajo de la policía y toda la gente encargada de nuestra seguridad es muy valioso. Y muy duro. Sin embargo, a veces (quizá demasiadas veces) también ellos se dejan llevar por prejuicios injustos, con resultados catastróficos.

Hay agentes que tratan a muchas personas como si fueran sospechosos, solo por no tener la piel blanca. Eso, claro, es racismo, y conduce a la violencia policial y a veces a la muerte de inocentes.

Después de muchos casos de brutalidad policial, cientos de miles de personas en los Estados Unidos salieron a la calle para protestar por la discriminación racista que sufre la comunidad negra. La policía es más violenta con los negros que con las personas blancas. Una injusticia.

La gota que colmó el vaso fue la muerte de Trayvon Martin, un chico de 17 años que fue tiroteado por un vigi-

lante de seguridad. Trayvon no llevaba arma alguna ni tuvo actitud violenta en ningún momento, pero lo que le hizo sospechoso a ojos del vigilante fue el color de su piel. A pesar de la evidencia, un juez declaró inocente al vigilante.

Muchas personas comenzaron a gritar que *Black Lives Matter* (Las vidas negras importan). Hubo grandes manifestaciones, pero lo más notable fue que, gracias a las redes sociales, la protesta se extendió como nunca antes.

Entre otros muchos gestos, algunos de los deportistas más importantes hicieron el gesto de hincar la rodilla durante el himno nacional, lo que hizo que millones de personas se concienciaran de la situación.

Gracias a *#BlackLivesMatter*, muchas personas abrieron los ojos ante la discriminación, el racismo o la xenofobia. *Black Lives Matter* demostró que, en el mundo de hoy, cada vez es más difícil que un acto horrible quede impune. Como mínimo, es más posible que nunca que la verdad acabe saliendo a la luz.

# ROSA LUXEMBURGO

## Mujer rebelde, ni con todo el mundo en contra abandonó su compromiso por la justicia.

Polonia, 5 de marzo de 1871 - 15 de enero de 1919

**N**uestra protagonista nació en Polonia y era la pequeña de cinco hermanos. Debido a un problema de crecimiento, siempre fue muy bajita y cojeaba. De muy niña le enyesaron durante todo un año una pierna. Quizás eso fue lo que también le hizo ser tan fuerte ante la adversidad.

Rosa vivió su infancia y juventud bajo el temor a un gobierno (y una oposición) que creían demasiado en las armas como la solución para todo. Ella deseaba construir un mundo mejor, y eso le llevó a tener que irse de su país porque no la dejaban opinar en libertad. Muy pronto se metió en política, defendiendo a los trabajadores y el feminismo, pero, sobre todo, oponiéndose a los conflictos bélicos.

Pero llegó la Primera Guerra Mundial, y algunos de sus compañeros fueron al frente. Así que decidió escribir artículos en contra del militarismo. En muchos decía que no puede haber libertad sin el derecho a pensar diferente. Siempre era la voz que defendía el no a la violencia sin sentido.

Su lucha pacifista le trajo muchos problemas: fue muchas veces detenida, incluso encarcelada, pero eso no impidió que hoy en día esté considerada como una de las grandes pensadoras de su época. Y sin ningún miedo a pensar diferente. Ni la muerte hizo que abandonara sus convicciones, porque de sus ideas nacieron otras muchas Rosas.

# SADAKO SASAKI

## La niña que creó uno de los mayores símbolos de la paz.

Japón, 7 de enero de 1943 - 25 de octubre de 1955

Sadako tenía solo dos años cuando el 6 de agosto de 1945 caía sobre su ciudad, Hiroshima, en Japón, la peor bomba que la humanidad ha conocido. Las bombas atómicas son terribles porque no solo son mucho más potentes y afectan a incontables personas más, sino que destruyen todo el medioambiente: el aire, el agua, la tierra, los animales… Todo queda arrasado, y los efectos se siguen notando durante montones de años, como en el caso de Sadako Sasaki.

Sadako, nueve años después de la superbomba, cuando ella tenía once, comenzó a desarrollar una enfermedad complicadísima que obligó a ingresarla en el hospital. Su situación era muy difícil y los médicos no tenían esperanzas de curarla.

Compartía habitación con otra niña que, para animarla, le contó una leyenda japonesa ancestral: si alguien conseguía hacer con sus propias manos mil grullas de papel, podría pedir a los dioses un deseo. Las grullas, veneradas en Japón, son unas aves parecidas a las garzas.

Sadako recobró la esperanza y se puso manos a la obra. Plegó cientos y cientos de grullas y vistió el hospital y los alrededores de pájaros de papel con tantos colores como olas tiene el mar. Su deseo era más grande incluso que la bomba que la enfermó: quería curarse y salvar al mundo de más guerras mortales. Plegó tantas grullas que cuando se acabó el papel de todos los colores continuó con los prospectos de los medicamentos. Era imparable.

Sadako murió a los doce años, dejando en Japón un ejemplo de amor por la vida: la suya y la de los demás. Desde entonces, siguiendo su ejemplo, los japoneses siguieron plegando pájaros de papel para pedir el fin de las guerras.

Así que Sadako, la niña soñadora, convirtió sus papeles de colores en miles de pájaros de la paz que, desde entonces, cruzan el cielo japonés pidiendo el final de todas las guerras y las bombas.

# SVETLANA ALEKSIÉVICH

## La periodista que dio voz a los olvidados.

Ucrania, 31 de mayo de 1948

**N**o siempre tenemos historias de grandes victorias. A veces no hay personajes, como los de este libro, que lideran revoluciones, que consiguen cambiar las leyes o inspiran a la gente que viene después. No siempre hay premios de la paz. Y, aunque hay series, películas y libros que también explican las derrotas, no siempre reflejan bien la realidad.

Eso es justo lo que ha hecho Svetlana Aleksiévich. Es profesora, periodista y escritora. Nació en lo que ahora es Ucrania y se crio en Bielorrusia, pero tuvo que irse a vivir a otro país porque el gobierno la vigilaba y perseguía.

Y todo por escribir libros. Durante años se ha entrevistado con miles de personas para que le contaran sus historias, sus recuerdos, sus sentimientos sobre las guerras y la represión que han sufrido. En su caso, de la Unión Soviética y también de la catástrofe que ocurrió en Chernóbil.

Sus libros son como pancartas, que advierten de los peligros de la guerra y de lo inconscientes que somos al pensar que dominamos la naturaleza y controlamos la ciencia como si lo supiéramos todo.

El trabajo de Svetlana sirve no solo para conocer las historias de gente real, de cosas horribles que han sucedido no hace tanto tiempo. También sirve para que nadie las olvide, con la esperanza de que nunca vuelva a pasar.

Y a pesar de todos los recuerdos tristes y los conflictos que siguen existiendo en el mundo, Svetlana siempre ha renunciado a la violencia: los héroes son aquellos que no disparan. No será el odio, sino el amor lo que nos salvará.

«La paz comienza
con una sonrisa.»

## Santa Teresa de Calcuta

# TERESA DE CALCUTA

## La monja que demostró que la paz se hace con hechos, no con palabras.

*Macedonia del Norte, 26 de agosto de 1910 - 5 de septiembre de 1997*

La pequeña Agnes soñaba desde pequeña con ayudar a las personas. Su camino fue la religión, convertirse en una de aquellas misioneras que renunciaban a todas las comodidades por dar alimento y educación a los pobres de la India.

Tras estudiar inglés en una congregación católica en Irlanda (que es el idioma que luego enseñaría a los niños), se ofreció voluntaria para ir a la India. Inició su noviciado, aprendió el idioma bengalí y dio clases en la escuela de Santa Teresa, situada en una ciudad cercana a las montañas del Himalaya. Hizo sus votos de pobreza, castidad y obediencia, decidió cambiar su nombre por el de madre Teresa y confirmó que, como siempre había creído, su misión era la de cuidar a los más necesitados, a «los más pobres de entre los pobres».

Sin apenas recursos, la madre Teresa fundó las Misioneras de la Caridad y se dedicó a atender a los enfermos, a los huérfanos, a los moribundos, a los olvidados. Les dio alimento, cobijo, amor y dignidad.

Setenta años después, la congregación está presente en más de ciento treinta países y cuenta con más de cuatro mil monjas, todas comprometidas con la entrega a los más pobres, sin importar su origen o religión.

La dedicación de la madre Teresa despertó la admiración en todo el mundo y su obra ganó fama. Muchos periodistas se interesaron por ella, que siempre les decía que dejaran de escribir y fueran a colaborar a alguna de las casas de acogida.

Teresa de Calcuta fue beatificada por el papa Juan Pablo II. Es recordada por su solidaridad, compasión y ternura sin límites. Y por su idea clarísima de que no basta con hablar de la paz: hay que arremangarse y trabajar.

# THICH NHAT HANH

## El monje que nos mostró que la paz empieza en el interior de cada uno.

Vietnam, 11 de octubre de 1926 - 22 de enero de 2022

**S**us seguidores lo llamaban Thay, que quiere decir «maestro». Es el monje budista más conocido de nuestra época, solo después del Dalái Lama. Y como él, Thay tuvo que vivir gran parte de su vida exiliado, sin poder volver a su país.

A los dieciséis años ingresó en un monasterio, aunque a sus padres no les gustó la idea. Recibió formación zen y se hizo monje. Al poco creó un grupo activista por la paz que edificaba escuelas y hospitales, y ayudaban a reconstruir las zonas rurales.

Durante la guerra de Vietnam, Thay tuvo que elegir entre seguir con una vida de meditación o sacar a los monjes de sus templos y ayudar a la gente que sufría. Hizo lo segundo. En momentos así, pensó, se necesitan las enseñanzas de Buda más que nunca para combatir el odio y la violencia.

Se reunió con Martin Luther King en los Estados Unidos para protestar juntos contra la guerra de Vietnam. Sin embargo, cada bando pensó que Thay estaba a favor de su enemigo. Todos se enfadaron con él y le prohibieron regresar a su país.

«El origen de la guerra no está en las armas, si no en la mente de quien las usa», dijo Thay. Si queremos alcanzar la paz en el mundo primero hemos de alcanzarla en nosotros mismos, cultivándola en cuerpo y mente para después extenderla a los demás.

La propuesta de Thay es aplicar el zen a la vida cotidiana: para ser feliz, debemos vivir en el aquí y en el ahora. Esta teoría ha triunfado en el mundo occidental con el nombre de *mindfulness*. Thay ha escrito decenas de libros y ha inspirado a millones de personas en la búsqueda de la paz interior para hacer del mundo un lugar mejor.

# Pablo Picasso
# y la paloma de la paz

Tras la Segunda Guerra Mundial se creó la Organización de las Naciones Unidas (ONU), y cuatro años más tarde se celebró el Congreso Mundial por la Paz. Era necesario unirse para evitar que no se repitiera otra barbarie como la ocurrida.

En un principio, Picasso no fue una persona interesada en la política. Pero tras la guerra civil española, que le hizo marcharse a Francia, se mostró abiertamente en contra de la dictadura y el fascismo. Como defensor de la paz y la libertad, los organizadores del congreso le pidieron que ilustrara el cartel para la primera reunión.

Picasso pintó una paloma blanca posada en el suelo. El fondo es totalmente

negro, produciendo así un fuerte contraste con la oscuridad. La fuerza de esa imagen tuvo mucho éxito para el evento, en el que participaron muchos artistas e intelectuales.

Picasso dibujó más palomas, la mayoría a lápiz, con pocas líneas y esta vez sobre fondo blanco. La paloma vuela y porta una rama de olivo. Son dibujos aparentemente muy simples, y esa sencillez ha hecho que esa sea la más popular y reconocible de entre las que hizo. Desde entonces, es el símbolo internacional de la paz.

Como curiosidad, el mismo año en que se celebró el congreso nació una de las hijas del pintor. Decidieron llamarla Paloma.

# TORTELL POLTRONA

## Quien siembra risas recoge paz.

Barcelona, 7 de abril de 1955

**A** Jaume Mateu siempre le ha encantado compartir la alegría que lleva dentro. Ya en el colegio siempre hacía reír a sus compañeros. Por eso no es de extrañar que le fascinaran los payasos. Había leído en una revista que estos habían existido desde hacía 4.500 años y que los faraones egipcios tenían payasos personales para los momentos en que la política se ponía complicada. Reírse y airear la mente era una medicina.

Así que, maravillado, Jaume decidió ponerse una nariz roja y zapatos enormes y convertirse en uno de ellos, con el nombre artístico de Tortell Poltrona. Tenía ganas de hacer feliz al que le escuchara.

Tortell era buen amigo de muchos niños, y es por eso que en una escuela le propusieron hacer un espectáculo en los campos de refugiados de la antigua Yugoslavia. La guerra allí había machacado la felicidad de muchas personas, y qué mejor que un payaso para que las sonrisas volvieran a sus caras.

Los refugiados quedaron impresionados con las dotes de Tortell. Y él también, pero por las condiciones pésimas de vida en las que se encontraban y el dolor con el que convivían. Un año después decidió volver al campo de refugiados… y esta vez con amigos malabaristas, defensores de la paz como él.

Así nació Payasos Sin Fronteras. Desde entonces van por todo el mundo acercando el circo a los niños y niñas que viven en los conflictos más dolorosos, peligrosos y sangrientos. La organización está formada por titiriteros, bailarines, magos, músicos, *clowns*… todos unidos por algo tan serio como hacer que los niños olviden por un rato las balas y las bombas.

Tortell Poltrona lleva más de treinta años demostrando que la nariz roja y las carcajadas son una gran forma de acercar la paz, sobre todo en tiempos de guerra.

# WANGARI MUTA MAATHAI

## La mujer que defendió la paz plantando 50 millones de árboles.

Kenia, 1 de abril de 1940 - 25 de septiembre de 2011

Wangari creció abrazando árboles cerca de los montes Aberdare, en Kenia. En su infancia aprendió a amar y respetar la naturaleza. Además de subir a los árboles, a Wangari le encantaba estudiar y se le daba muy bien. Consiguió una beca para ir a los Estados Unidos y hacerse bióloga.

Al regresar a casa vio que todo había cambiado. Los bosques estaban talados. El ruido de las motosierras había sustituido al canto de los pájaros. El paraíso se había convertido en un infierno, y todo, en nombre de un supuesto progreso.

La tala ponía en riesgo los bosques y, con ello, la vida de los seres que viven allí o cerca. Sin árboles se pierden los manantiales, y si la tierra se seca no hay vida que lo aguante. Este tipo de destrucción del medioambiente puede ser tan violenta como las guerras. Por eso, cuidarlo y proteger a las comunidades que viven en él es luchar por la paz. Como Wangari decía: «Si el bosque desaparece, nosotros también».

Enseguida creó un plan para recuperar los bosques: el Movimiento Cinturón Verde. Muchas mujeres se unieron a la causa y empezaron a plantar árboles en varios países de África, alrededor de las aldeas en las que vivían. ¡Y, pala y semilla en mano, ya llevan más de cincuenta millones!

Gracias a su liderazgo, Wangari fue la primera mujer africana en recibir el Premio Nobel. Que es algo casi casi tan bonito como despertarte por la mañana y abrazar un árbol.

# LA DECLARACIÓN UNIVERSAL DE DERECHOS HUMANOS

**D**espués de la terrible Segunda Guerra Mundial, la más mortífera y atroz en la historia de la humanidad, los países del mundo se propusieron evitar que una desgracia así volviera a suceder. Para ello, crearon la Organización de las Naciones Unidas (ONU) para que todos los países pudieran resolver sus conflictos de forma pacífica, es decir, dialogando.

Una de las primeras acciones de la ONU fue crear la Declaración Universal de los Derechos Humanos. Tardaron dos años en escribirla y participaron en su redacción personas de muchos países diferentes. Pero el 10 de diciembre de 1948, se pusieron todos de acuerdo y la aprobaron.

Fue la primera vez en la historia de la humanidad en que se reconocían treinta derechos y libertades que tiene toda persona solo por nacer en este planeta, y que van desde un trabajo digno hasta el respeto por las ideas, la educación…

La Declaración fue muy importante, porque por primera vez la humanidad tenía un documento guía que señalaba que todos somos libres e iguales con independencia de nuestro sexo, color, creencias, religión u otras características. Y todos los gobiernos del mundo se comprometieron a la protección de estos derechos. Por eso, se considera este documento como el texto sobre libertad, justicia y paz más importante de toda la historia.

## Artículo 1

Todos los seres humanos nacen libres e iguales en dignidad y derechos y, dotados como están de razón y conciencia, deben comportarse fraternalmente los unos con los otros.

## Artículo 2

Toda persona tiene todos los derechos y libertades proclamados en esta Declaración, sin distinción alguna de raza, color, sexo, idioma, religión, opinión política o de cualquier otra índole, origen nacional o social, posición económica, nacimiento o cualquier otra condición. Además, no se hará distinción alguna fundada en la condición política, jurídica o internacional del país o territorio de cuya jurisdicción dependa una persona, tanto si se trata de un país independiente, como de un territorio bajo administración fiduciaria, no autónomo o sometido a cualquier otra limitación de soberanía.

## Artículo 3

Todo individuo tiene derecho a la vida, a la libertad y a la seguridad de su persona.

### Artículo 4

Nadie estará sometido a esclavitud ni a servidumbre, la esclavitud y la trata de esclavos están prohibidas en todas sus formas.

### Artículo 5

Nadie será sometido a torturas ni a penas o tratos crueles, inhumanos o degradantes.

### Artículo 6

Todo ser humano tiene derecho, en todas partes, al reconocimiento de su personalidad jurídica.

### Artículo 7

Todos son iguales ante la ley y tienen, sin distinción, derecho a igual protección de la ley. Todos tienen derecho a igual protección contra toda discriminación que infrinja esta Declaración y contra toda provocación a tal discriminación.

### Artículo 8

Toda persona tiene derecho a un recurso efectivo ante los tribunales nacionales competentes, que la ampare contra actos que violen sus derechos fundamentales reconocidos por la constitución o por la ley.

### Artículo 9

Nadie podrá ser arbitrariamente detenido, preso ni desterrado.

### Artículo 10

Toda persona tiene derecho, en condiciones de plena igualdad, a ser oída públicamente y con justicia por un tribunal independiente e imparcial, para la determinación de sus derechos y obligaciones o para el examen de cualquier acusación contra ella en materia penal.

### Artículo 11

1. Toda persona acusada de delito tiene derecho a que se presuma su inocencia mientras no se pruebe su culpabilidad, conforme a la ley y en juicio público en el que se le hayan asegurado todas las garantías necesarias para su defensa.
2. Nadie será condenado por actos u omisiones que en el momento de cometerse no fueron delictivos según el Derecho nacional o internacional. Tampoco se impondrá pena más grave que la aplicable en el momento de la comisión del delito.

### Artículo 12

Nadie será objeto de injerencias arbitrarias en su vida privada, su familia, su domicilio o su correspondencia, ni de ataques a su honra o a su reputación. Toda persona tiene derecho a la protección de la ley contra tales injerencias o ataques.

### Artículo 13

1. Toda persona tiene derecho a circular libremente y a elegir su residencia en el territorio de un Estado.
2. Toda persona tiene derecho a salir de cualquier país, incluso del propio, y a regresar a su país.

### Artículo 14

1. En caso de persecución, toda persona tiene derecho a buscar asilo, y a disfrutar de él, en cualquier país.
2. Este derecho no podrá ser invocado contra una acción judicial realmente originada por delitos comunes o por actos opuestos a los propósitos y principios de las Naciones Unidas.

### Artículo 15

1. Toda persona tiene derecho a una nacionalidad.
2. A nadie se privará arbitrariamente de su nacionalidad ni del derecho a cambiar de nacionalidad.

### Artículo 16

1. Los hombres y las mujeres, a partir de la edad núbil, tienen derecho, sin restricción alguna por motivos de raza, nacionalidad o religión, a casar-

se y fundar una familia, y disfrutarán de iguales derechos en cuanto al matrimonio, durante el matrimonio y en caso de disolución del matrimonio.

2. Solo mediante libre y pleno consentimiento de los futuros esposos podrá contraerse el matrimonio.

3. La familia es el elemento natural y fundamental de la sociedad y tiene derecho a la protección de la sociedad y del Estado.

### Artículo 17

1. Toda persona tiene derecho a la propiedad, individual y colectivamente.

2. Nadie será privado arbitrariamente de su propiedad.

### Artículo 18

Toda persona tiene derecho a la libertad de pensamiento, de conciencia y de religión; este derecho incluye la libertad de cambiar de religión o de creencia, así como la libertad de manifestar su religión o su creencia, individual y colectivamente, tanto en público como en privado, por la enseñanza, la práctica, el culto y la observancia.

### Artículo 19

Todo individuo tiene derecho a la libertad de opinión y de expresión; este derecho incluye el de no ser molestado a causa de sus opiniones, el de investigar y recibir informaciones y opiniones, y el de difundirlas, sin limitación de fronteras, por cualquier medio de expresión.

### Artículo 20

1. Toda persona tiene derecho a la libertad de reunión y de asociación pacíficas.

2. Nadie podrá ser obligado a pertenecer a una asociación.

### Artículo 21

1. Toda persona tiene derecho a participar en el gobierno de su país, directamente o por medio de representantes libremente escogidos.

2. Toda persona tiene el derecho de acceso, en condiciones de igualdad, a las funciones públicas de su país.

3. La voluntad del pueblo es la base de la autoridad del poder público; esta voluntad se expresará mediante elecciones auténticas que habrán de celebrarse periódicamente, por sufragio universal e igual y por voto secreto u otro procedimiento equivalente que garantice la libertad del voto.

### Artículo 22

Toda persona, como miembro de la sociedad, tiene derecho a la seguridad social, y a obtener, mediante el esfuerzo nacional y la cooperación internacional, habida cuenta de la organización y los recursos de cada Estado, la satisfacción de los derechos económicos, sociales y culturales, indispensables a su dignidad y al libre desarrollo de su personalidad.

### Artículo 23

1. Toda persona tiene derecho al trabajo, a la libre elección de su trabajo, a condiciones equitativas y satisfactorias de trabajo y a la protección contra el desempleo.

2. Toda persona tiene derecho, sin discriminación alguna, a igual salario por trabajo igual.

3. Toda persona que trabaja tiene derecho a una remuneración equitativa y satisfactoria, que le asegure, así como a su familia, una existencia conforme a la dignidad humana y que será completada, en caso necesario, por cualesquiera otros medios de protección social.

4. Toda persona tiene derecho a fundar sindicatos y a sindicarse para la defensa de sus intereses.

### Artículo 24

Toda persona tiene derecho al descanso, al disfrute del tiempo libre, a una limitación razonable de la duración del trabajo y a vacaciones periódicas pagadas.

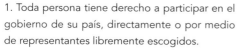

## Artículo 25

1. Toda persona tiene derecho a un nivel de vida adecuado que le asegure, así como a su familia, la salud y el bienestar, y en especial la alimentación, el vestido, la vivienda, la asistencia médica y los servicios sociales necesarios; tiene asimismo derecho a los seguros en caso de desempleo, enfermedad, invalidez, viudez, vejez u otros casos de pérdida de sus medios de subsistencia por circunstancias independientes de su voluntad.

2. La maternidad y la infancia tienen derecho a cuidados y asistencia especiales. Todos los niños, nacidos de matrimonio o fuera de matrimonio, tienen derecho a igual protección social.

## Artículo 26

1. Toda persona tiene derecho a la educación. La educación debe ser gratuita, al menos en lo concerniente a la instrucción elemental y fundamental. La instrucción elemental será obligatoria. La instrucción técnica y profesional habrá de ser generalizada; el acceso a los estudios superiores será igual para todos, en función de los méritos respectivos.

2. La educación tendrá por objeto el pleno desarrollo de la personalidad humana y el fortalecimiento del respeto a los derechos humanos y a las libertades fundamentales; favorecerá la comprensión, la tolerancia y la amistad entre todas las naciones y todos los grupos étnicos o religiosos, y promoverá el desarrollo de las actividades de las Naciones Unidas para el mantenimiento de la paz.

3. Los padres tendrán derecho preferente a escoger el tipo de educación que habrá de darse a sus hijos.

## Artículo 27

1. Toda persona tiene derecho a tomar parte libremente en la vida cultural de la comunidad, a gozar de las artes y a participar en el progreso científico y en los beneficios que de él resulten.

2. Toda persona tiene derecho a la protección de los intereses morales y materiales que le correspondan por razón de las producciones científicas, literarias o artísticas de que sea autora.

## Artículo 28

Toda persona tiene derecho a que se establezca un orden social e internacional en el que los derechos y libertades proclamados en esta Declaración se hagan plenamente efectivos.

## Artículo 29

1. Toda persona tiene deberes respecto a la comunidad, puesto que solo en ella puede desarrollar libre y plenamente su personalidad.

2. En el ejercicio de sus derechos y en el disfrute de sus libertades, toda persona estará solamente sujeta a las limitaciones establecidas por la ley con el único fin de asegurar el reconocimiento y el respeto de los derechos y libertades de los demás, y de satisfacer las justas exigencias de la moral, del orden público y del bienestar general en una sociedad democrática.

3. Estos derechos y libertades no podrán, en ningún caso, ser ejercidos en oposición a los propósitos y principios de las Naciones Unidas.

## Artículo 30

Nada en esta Declaración podrá interpretarse en el sentido de que confiere derecho alguno al Estado, a un grupo o a una persona, para emprender y desarrollar actividades o realizar actos tendientes a la supresión de cualquiera de los derechos y libertades proclamados en esta Declaración.

«Si queremos un mundo de paz y de justicia, hay que poner decididamente la inteligencia al servicio del amor.»

**Antoine de Saint-Exupéry**

# DEFENSORES DE LA PAZ

● ○ ● ○ ● ○ ● ○ ● ○ ● ○ ● ○ ●

**En este libro te hemos presentado a más de cuarenta personajes de carne y hueso que han luchado por la paz. Pero seguro que tú conoces a alguno más porque ¡la lista es infinita!**

Haz memoria, investiga, pregunta a tus amigos…
y decide a quién te gustaría incluir en este libro.
Rellena la ficha técnica y haz que pase a la historia.

**Nombre** ...............................................................................................

**Fecha de nacimiento**.......................................................................

**País de nacimiento**..........................................................................

**Profesión**............................................................................................

## Me gustaría incluir a esta persona en la lista porque.....

...............................................................................

...............................................................................

...............................................................................

...............................................................................

...............................................................................

...............................................................................

# Y AHORA... ¿CUÁL ES TU GRANITO DE ARENA?

● ● ● ● ● ● ● ● ● ● ● ● ● ● ● ● ● ● ● ● ● ● ● ● ●

**Tú, yo, mayores, pequeños, en cualquier parte del mundo... todos podemos marcar la diferencia. ¡Hora de aportar ideas!**

Nos gustaría mucho que tú también quedaras inmortalizado en este libro. Escribe qué te gustaría hacer para convertir este mundo en un lugar mejor.

**Me preocupa:** ................................................................................

................................................................................................

................................................................................................

................................................................................................

**Este es mi plan:** ............................................................................

................................................................................................

................................................................................................

................................................................................................

................................................................................................

................................................................................................

**Seguro que contaré con la ayuda de:** ..............................................

................................................................................................

................................................................................................

................................................................................................

# DIBUJOS POR LA PAZ

• • • • • • • • • • • • • • • •

**Velas encendidas, marchas, canciones,
vestuarios especiales, grafitis...
hay muchas maneras de pedir la paz en el mundo.
Y dibujar es una de ellas.**

Nos gustaría invitarte a participar en nuestra colección de dibujos por la paz.
Prepara tu mensaje, decóralo, fírmalo y manda tu obra a:

Duomo ediciones
Av. de la Riera de Cassoles 20, 3B
08012 Barcelona

**Compartiremos vuestras creaciones
en nuestras redes sociales.**

🖸 **duomoinfantiljuvenil**

**O si lo prefieres,
¡cuelga el dibujo en la ventana
o el balcón de tu casa!**

Diseño y maquetación: Sergi Puyol
Textos: Jose López y Rocío Niebla
Ilustraciones de interior y cubierta: Mar Guixé

© 2022, G.L. Marvel

ISBN: 978-84-19004-57-4
Código IBIC: YB
Depósito legal: B 7.119-2022

© de esta edición, 2022 por Antonio Vallardi Editore S.u.r.l., Milán
Primera edición: mayo de 2022
Duomo ediciones es un sello de Antonio Vallardi Editore S.u.r.l.
www.duomoediciones.com

Gruppo editoriale Mauri Spagnol S.p.A.
www.maurispagnol.it

Impreso en Stella, Italia